Alfons Roth Cerina Thon

Kraftort Küche

Gesund und vital
mit Spirulina, Chlorella und Gräsern

FONA

www.fona.ch
Verantwortlich für das Lektorat: Léonie Haefeli-Schmid
Gestaltung: Andrea Heimgartner, Zürich
Fotokochen und Styling: Mike Schater, Freiburg i. Br.
Foodbilder: Andreas Thumm, Freiburg i.Br.
Übrige Bilder: gettyimages, München;
Antonius Conte, Messkirch (Seiten 14, 15)
Coverbilder: gettyimages, München (Flamme);
Antonius Conte, Messkrich (Gräser);
Lithos: Repro Schicker AG, Baar
Druck und Bindung: Uhl, Radolfzell

ISBN 3-03780-223-5

Inhalt

Wo nicht anders vermerkt, sind die Rezepte für 4 Personen berechnet.

Abkürzungen
dl = Deziliter
ml = Milliliter
l = Liter
EL = gestrichener Esslöffel
TL = gestrichener Teelöffel
Msp = Messerspitze

Einleitung

Das vorliegende Buch behandelt erstmals ausführlich in deutscher Sprache die Mikroalgen Spirulina und Chlorella und ihre mögliche Rolle in einer lustvollen, gesunden Küche. Ein weiterer Teil handelt vom Weizengras und seinem Potential angesichts eines umwelt- und zivilisationsbedingt erhöhten Bedarfs an vitalen und die Gesundheit sichernden Lebensmitteln.

Noch zu oft werden die Mikroalgen nur als Nahrungsergänzung betrachtet. Dieses Buch macht deutlich, dass es sich bei vielen Mikroalgen um ursprüngliche, elementare und lebendige Lebensmittel handelt, die in einigen Weltregionen den Menschen seit je als Nahrung gedient haben. In den Rezepten erfahren Sie, wie Sie die grüne Pulvermasse mit ihrem spezifischen Eigengeschmack in die Alltagsküche integrieren und von ihrem fantastischen Nährwert mit Genuss profitieren können.

Dieses Kochbuch gibt viele Anregungen für persönliche Kreativität im täglichen Umgang mit bewusster und gesunder Ernährung. Es enthält einfache Rezepte, die einen speziellen gesundheitlichen Wert beinhalten, also beispielsweise gut sind für das Blut, für die Haut oder die Knochen, die beim Schlankbleiben helfen oder Kraft für die Liebesnacht spenden. Doch selbst wer etwas höhere Ansprüche hat, kann hier interessante Anstöße für eine knackige, frische und gesundheitsfreundliche Ernährungsweise finden, welcher aber durchaus auch Delikatessencharakter zukommen kann.

Die Geschichte des Essens ist nicht nur eine Geschichte der Gesellschaft und der Lebensmittel, sondern auch der Küche als dem Ort der Zubereitung der täglichen Mahlzeiten. Koch- und Esskultur sind untrennbar miteinander verbunden. Wer Nahrung einkauft und zubereitet, bestimmt auch die Qualität der Lebensmittel und die Art ihrer Verarbeitung. Kurz: Kochen ist kreativ, es verbindet das Sinnliche mit dem Nützlichen, Genuss mit Kraft, Spiel mit Notwendigkeit. Das macht die Küche zu einem schöpferischen Ort und trägt in essentieller Weise zur Lebensqualität jedes Einzelnen und der Gesellschaft bei. Die Küche ist das Herz der Familie und die Steuerungszentrale der Gesundheit.

Einführung

Makroalgen und Mikroalgen

Auf der Erde gibt es über 25'000 verschiedene Algenarten, vom winzigen Einzeller bis zum mehr als 40 Meter langen Birntang. Die meisten Algen leben von Sonnenlicht mittels Photosynthese. Makroalgen wie etwa die bekannten Meeres- und Gemüsealgen Kombu, Wakame, Hijiki sind bekannter als ihre kleinen Verwandten und heute schon von großer wirtschaftlicher Bedeutung. Rund 70 Arten von Makroalgen werden als Lebens-, Futter- oder als Düngemittel verwendet.

Mikroalgen wie etwa Spirulina oder Chlorella sind mikroskopisch kleine Lebewesen. Spirulina hat eine spiralförmige Zellstruktur und gedeiht in süßem oder leicht salzigem Wasser. Chlorella besteht gar aus nur einer einzigen Zelle in der Größe eines roten Blutkörperchens. Mikroalgen bilden die Grundlage für die Nahrungsmittelkette und unterstützen alle höheren Lebensformen.

Zuerst war die Mikroalge

Mikroalgen sind Abkömmlinge erster auf Photosynthese beruhender Lebensformen, die ihre Energie direkt aus Sonnenlicht umwandeln. Vor mehr als 3,5 Milliarden Jahren schufen blaugrüne Algen, Urahnen der heutigen Spirulina, die Sauerstoffatmosphäre und ermöglichten so überhaupt erst die Entwicklung höherer Lebensformen. Seither tragen Algen grundlegend dazu bei, die Biosphäre der Erde durch Sauerstoffbildung zu regulieren. Eine Spirulina-Farm etwa produziert mehr als doppelt so viel Sauerstoff wie ein Regenwald gleicher Fläche. Rund zwei Drittel der pflanzlichen Biomasse unserer Erde bestehen aus Algen, von denen sich aber nur ein Bruchteil für den menschlichen Verzehr eignet.

Spirulina

Spirulina ist eine blaugrüne Mikroalge, welche in warmem Gewässer alkalischer Vulkanseen natürlich gedeiht. Wilde Spirulina ernährt in den Tälern der Ostafrikanischen Spalte Herden von Flamingos. Sie besitzt eine erstaunliche Fähigkeit, in klimatischen Bedingungen zu gedeihen, welche für andere Algen zu hart sind. Außer Vitamin C enthält sie ein beinahe vollständiges Spektrum an Nährstoffen. Die botanischen Namen für die essbaren Erscheinungsformen lauten Spirulina platensis und Spirulina pacifica.

Spirulina als Lebensmittel, gestern und heute

Spirulina war ein Lebensmittel der Azteken. Man weiß von deren Botenläufern, dass sie auf den oft tagelangen Fußmärschen immer einen Vorrat getrockneter Spirulina mit sich führten. So konnten sie lange Strecken ohne größere Unterbrüche zurücklegen. Ebenfalls weiß man vom Spirulina-Konsum der Maya. Auch in Asien sind die Mikroalgen von alters her bekannt. Die ersten Erwähnungen gehen bis auf 2800 v. Chr. zurück.

Im zentralafrikanischen Tschad verwendet das Volk der Kanembu die Spirulina-Alge seit Jahrhunderten bei der Zubereitung der Speisen und erntet sie bis heute aus den alkalischen Sodaseen in der Region des Tschad-Sees. Die blaugrünen Spirulina-Kuchen, «Dihe» genannt, werden zerbröselt, mit einer Sauce aus Tomaten und Paprika vermischt und zu Hirse, Bohnen, Fisch und Fleisch gegessen.

Die Flamingos entwickelten eine Art Filter in ihrem Schnabel, speziell um Spirulina aufzunehmen. Millionen von Flamingos ernähren sich ausschließlich von Spirulina, sofern sie ausreichend vorhanden ist.

Chlorella

Chlorella ist eine einzellige grüne Mikroalge, die nahezu alle Nährstoffe enthält, die zu einer gesunden Ernährung gehören. Ihr Rekordgehalt an Chlorophyll, dem Sonnenspeicher der Pflanzen, macht sie zum begehrten Nahrungsmittel. In Japan und Südkorea ist Chlorella sehr populär; über 5 Millionen Japaner und Japanerinnen verzehren sie täglich. Obwohl Chlorella eine der ältesten Lebensformen der Erde ist, wurde sie erst 1890 durch einen holländischen Mikrobiologen entdeckt. Sie ist vermutlich eines der ersten Glieder in der Nahrungskette und hat die Oberfläche unseres Planeten in eine vitale, lebensspendende Welt verwandelt.

Chlorella kommt überall auf der Erde in ruhigem Süßwasser, im Boden oder auf der Baumrinde vor. Die botanischen Namen für die essbaren Erscheinungsformen lauten Chlorella pyrenoidosa und Chlorella vulgaris.

Der Anbau von Mikroalgen in Wasserkulturen

Unzählige Arten von Mikroalgen existieren überall auf der Erde: In Gewässern, am und im Boden, auf Felsen und an Pflanzen. Einige der Sorten konnen unter besonderen Bedingungen in einer Wasserkultur als Nahrungsmittel gezüchtet werden. Unter den Abertausenden von Algenarten eignen sich die Spirulina- und Chlorella-Alge besonders gut als unbedenkliche und gesundheitsfördernde Lebensmittel für den Menschen. Seit einigen Jahrzehnten werden sie in modernen Wasserkulturanlagen auf der ganzen Welt in sonnenreichen Gebieten gezüchtet

Weizengras

und erforscht und für die Menschen als Lebensmittel verfügbar gemacht. Ein kontrollierter Anbau von Mikroalgen ist auch ein Schritt zu einem neuen Entwicklungsstadium ökologischer Landwirtschaft und beispielhaft für eine umweltfreundliche und ressourcenschonende Form der Nahrungsmittelproduktion.

Eine Spirulina-Farm ist ein natürlicher, in sich geschlossener und somit kontrollierbarer ökologischer Kreislauf. Algen werden in flachen Teichen angebaut und verdoppeln ihre Biomasse durch Zellteilung alle 2 bis 5 Tage, je nach Sonneneinstrahlung.

Spirulina liefert bei gleicher Anbaufläche 400 Mal so viel Protein wie die Produktion von Rindfleisch. Im Vergleich mit Getreide ist der Anbau von Mikroalgen als Energiequelle 40 Mal, und verglichen mit Sojabohnen immer noch etwa 20 Mal effizienter.

Larry Switzer hat sich seit Ende der 1970er Jahre Erforschung und Produktion von Spirulina verschrieben. Als Gründer der Proteus-Gesellschaft hat er eine der ersten Spirulina-Farmen der Welt aufgebaut mit der Vision, eine Antwort auf den Welthunger zu geben. Im Buch «Spirulina: Die revolutionäre natürliche Diät aus der mexikanischen Süßwasser-Mikroalge» (Heyne, 1982) schrieb er:

- «Die Spirulina-Technologie kann Wüsten in Eiweiß exportierende Gebiete verwandeln. Wichtiger noch: In den richtigen Händen kann sie Regionen mit Eiweißmangel helfen, bei der Eiweißversorgung schnell unabhängig zu werden» .
- «In ferner Zukunft wird die Mikroalgenzucht in den Meeren und sogar im Weltraum größere Produktionsdimensionen erschließen» .
- «In gewisser Hinsicht kehren wir spiralförmig zur eigentlichen Basis der Nahrungskette der Welt zurück, zum Ursprung des Lebens auf der Erde. Wir verbinden Ursprung und Zukunft» .

Weizengras

Gräser

Gras kannten die Menschen bis gegen Ende des 19. Jahrhunderts einfach als eine «Lebensgrundlage», etwa als Lieferant von Tiernahrung oder als Weideplatz. Eine erste wissenschaftliche Studie von 1883 berichtet, «ungereifte» Gräser, also Getreidepflanzen, seien reich an Proteinen und enthalten vergleichsweise wenig Fiberstoffe (Ballaststoffe). Aufgrund einer Analyse, die in Richtung der erst Jahrzehnte später entwickelten «Knoten-Theorie» wies, legte 1890 ein Landwirtschaftsbericht aus den USA dar, dass der Gehalt an Mineralstoffen in den Gräsern im Stadium des schnellsten Wachstums einen Höhepunkt erreicht und mit zunehmender Reife wieder abnimmt. Danach wurden für über 40 Jahre keine neuen Erkenntnisse zur vitalen Bedeutung der Gräser für den Menschen publiziert. Die Forschung konzentrierte sich in erster Linie auf Gemüse als mögliche Antwort auf die Ernährungsbedürfnisse einer sich drastisch verändernden Welt.

1931 machte der Forscher Charles F. Schnabel zwei wichtige Entdeckungen, die die Sicht der Bedeutung der Gräser in der Landwirtschaft grundlegend verändert haben. Erstens zeigte er, dass Gräser am ersten Tag der Knotenbildung eine extrem hohe Konzentration an Vitalstoffen aufweisen. Dieser Zeitpunkt bedeutet für die Pflanze das Ende der vegetativen und den Beginn der reproduktiven Phase. Zweitens gelang ihm der Nachweis, dass sich der Nährwert der Pflanze unmittelbar nach dem Wechsel in kurzer Zeit praktisch verdoppelt. Sie besteht dann zu rund 40 % aus Eiweiß und wird so zu einer erstklassigen Ressource für Mensch und Tier mit ungeahntem und weitestgehend noch ungenutztem Potential.

Durch Fortschritte in der Herstellung synthetischer Vitamine und Nahrungszusätze gerieten solche Erkenntnisse in den folgenden Dekaden in Vergessenheit. Erst um 1970 ist das Weizengras wiederentdeckt worden, als die bekannte amerikanische Heilpraktikerin Ann Wigmore sich selbst mit Weizengras von einer Krebserkrankung heilte. Sie sorgte damit für Aufsehen in ihrem Bekanntenkreis und begann, Weizengras erfolgreich als Therapiemittel einzusetzen.

Algen und Gräser für eine robuste Gesundheit

Als elementar bezeichnen wir Lebensmittel, die von Anbeginn menschlichen Lebens existierten oder von Urvölkern durch landwirtschaftliche Entwicklungen erzeugt wurden. Algen und Gräser sind solche elementaren Nahrungsmittel, neben Blütenpollen, Beeren, Pilzen usw.

Natürliche, lebendige Lebensmittel

Algen und Gräser sind Grundlage allen Lebens auf der Erde. Sie speichern Sonnenlicht, ihre tiefgrüne Farbe leuchtet mit der Vitalität der natürlichen Pigmente. Diese konzentrierten Lebensmittel versorgen unseren Organismus auf natürliche Weise mit Nährstoffen und Energie und reinigen ihn schonend. Wenn Sie täglich nur ein wenig dieser großartigen Nahrung zu sich nehmen, wird Ihre Gesundheit davon profitieren. Indem wir auf Algen und Gräser zurückgreifen, auf den Anfang der Nahrungskette, leisten wir auch einen bedeutenden Beitrag zur Verbesserung und Erhaltung unserer Umwelt.

Algen und auch Gräser enthalten eine Vielfalt an elementaren basischen Substanzen, die in erster Linie regulativ, reinigend und aufbauend auf die Grundsysteme des Körpers wirken und eine positive Breitbandwirkung haben. Darüber hinaus kommen diese Organismen auch bei einer Reihe von gesundheitlichen Beeinträchtigungen zum Einsatz.

Die in natürlichen Lebensmitteln enthaltenen Vitamine, Mineralstoffe, Enzyme und Spurenelemente sind in Komplexen aus Eiweiß-, Kohlenhydrat- und Fettmolekülen organisch gebunden. Der menschliche Organismus erkennt diese Komplexverbindungen

als verwertbare Nahrung. Dagegen sind viele der heute erhältlichen Nahrungsergänzungsmittel künstlich konstruierte Verbindungen isolierter, extrahierter und synthetischer Vitamine und Mineralien. In diesen Präparaten sind die Nährstoffe nicht organisch gebunden und können eine völlig andere Struktur aufweisen als in natürlichen Lebensmitteln. Oft werden sie deshalb vom Organismus nur ungenügend aufgenommen. Deshalb nutzen immer mehr Menschen die Vorzüge von Spirulina und anderem «Green Food» wie Chlorella oder Weizengras.

Die grüne, lebendige Nahrung versorgt unseren Körper nicht nur mit Eiweißen, Mineralien, Vitaminen, Enzymen und Spurenelementen, sondern auch mit den wichtigen sekundären Pflanzenstoffen. So steht dem Stoffwechsel die ganze Palette der Nährstoffe zur Verfügung, organisch gebunden, verwertbar und uneingeschränkt natürlich. Spirulina, Chlorella und junge Gräser sind aufgrund ihrer unübertroffen hohen Nährstoffkonzentration und -vielfalt dem Gemüse deutlich überlegen. Algen und Gräser werden mit Obst- oder Gemüsesaft gemischt, in Menüs in täglichem Essen genossen oder pur als «Kraftnahrung» oder Nahrungsergänzung verzehrt.

Gesund und fit durch das Leben

Die Einnahme von Spirulina, Chlorella und Gräsern ist besonders sinnvoll in Verbindung mit einer ausgewogenen, am besten Bio-Vollwerternährung, die reich an Frischkost, Kräutern, Getreide und Ballaststoffen ist. Besonders bei Kuren haben sich diese Edelstoffe als sichere Kraftquelle bewährt; sie belasten den Organismus nicht, unterstützen ihn aber in der Entgiftung. Sportler und körperlich stark beanspruchte Menschen nutzen sie zur Steigerung der Ausdauer anstelle von zuckerhaltigen Elektrolytlösungen. Vegetarier schätzen das in konzentrierter Form vorhandene pflanzliche Protein, den Gehalt an Vitamin B_{12}, Eisen und Beta-Karotin.

Gesundheitsvorsorge für Senioren: Fitness im Alter
Viele ältere Menschen essen unregelmäßig oder nicht ausreichend; andere haben Resorptionsprobleme. Eine schlechte Verdauung und eine mangelhafte Aufnahme der Nährstoffe können zu einer Unterversorgung mit lebensnotwendigen Vitalstoffen führen. Konzentrierte Nahrungsmittel wie Spirulina, Chlorella oder Gräser sind eine ausgezeichnete

Ergänzung zur täglichen Ernährung. Diese Substanzen sind leichter verdaulich als die meisten anderen Eiweißquellen und liefern zusätzlich ein ausgewogenes Paket an wesentlichen Nährstoffen. Für Menschen mit Verdauungsstörungen ist die leichte Verdaulichkeit von Spirulina ein großes Plus.

Verfrühtes Alter oder verlängerte Jugend?

Herzkrankheiten und Krebs sind die Hauptursachen für ein verkürztes Leben. Sekundäre Pflanzenstoffe spielen bei der Suche nach vorbeugenden Heilmitteln eine große Rolle. Untersuchungen lassen den Schluss zu, dass natürliche Lebensmittel nebst Eiweiß, Kohlenhydraten, Fett, Vitaminen, Mineralien und Spurenelementen weitere, zum größten Teil noch kaum erforschte Verbindungen enthalten, welche das Immunsystem stimulieren und die Selbstheilungskräfte des Körpers aktivieren und unterstützen. Wissenschaftler haben in den Mikroalgen Nährstoffe und chemische Verbindungen pflanzlichen Ursprungs entdeckt, welche den Cholesterinwert senken, das Krebsrisiko verringern, das Immunsystem kräftigen, ein gesundes Wachstum der Darmflora anregen, Giftstoffe aus Gewebe und Nieren ausleiten, die Resorption von Spurenelementen und Mineralien fördern, die Genesung von den Folgen einer Unterernährung unterstützen, Umwelterkrankungen ausbalancieren und vor den Folgen radioaktiver Strahlung schützen.

Schwangerschaft, Stillzeit, Kinder

Schwangere haben einen erhöhten Bedarf an Eiweiß und Eisen, nicht jedoch an zusätzlichem Fett und Kohlenhydraten. Spirulina, Chlorella und Gräser sind eine ideale, ganzheitliche Nahrungsergänzung

für Schwangere. Eltern sind zudem oft erstaunt, wie gerne ihre Kinder davon essen. Kinder lieben es, die Presslinge zu lutschen. Oft muss eine Packung gleich wie Guetzli/Keksen vor Kindern versteckt werden.

Ausdauer- und Leistungssport

Vor allem Spirulina, aber auch Chlorella und Weizengras liefern beim Training und beim Wettkampf schnelle und anhaltende Energie. Spirulina wird seit vielen Jahren zur Steigerung der Ausdauer bei Marathonläufen eingesetzt. Radfahrer und Berg-steiger, die ihre gesamte Nahrung bei sich tragen müssen, nehmen Spirulina-Tabletten, da sie im Verhältnis zum Eigengewicht mehr Nährstoffe, Energie und Kraft liefern als herkömmliche Nahrungsmittel. Für ein wirksames Konditionstraining sind Proteine wichtig, die zur Regenerierung des Körpergewebes benötigt werden und das Gerüst für Muskeln, Sehnen und den für den Sauerstofftransport essentiellen Blutfarbstoff Hämoglobin (natürlicher EPO-Effekt) liefern. Das Protein in der Spirulina ist besonders leicht verdaulich, enthält zudem wenig Fett und keine Zellulose. Moderne Sportler verzehren zur Unterstützung ihres Muskelaufbaus täglich bis zu 3 Mal 10 Gramm Spirulina. Spirulina liefert nicht nur einen lang anhaltenden Energieschub, sie kann auch den Appetit dämpfen und somit zur Erhaltung eines für den Wettkampf erforderlichen Körpergewichts beitragen.

Stoffwechsel und Säure-Basen-Haushalt

Die heute weit verbreitete säureüberschüssige respektive vitalstoffarme Ernährungsweise führt zu immer mehr Krankheiten (Allergien, Cellulite, Erschlaffung des Bindegewebes, Gefäßveränderungen, Gelenkschmerzen, Rheuma, Haarausfall, Karies, Krämpfe, Konzentrationsstörungen, Müdigkeit und Erschöpfung, Migräne, Muskelschmerzen, Osteoporose, Arthrose, psychische Störungen, Aggressivität, Hyperaktivität, Labilität, Schlafstörungen, Sodbrennen). Zumindest teilweise sind sie eine Folge abgelagerter Säuren, da unser Organismus nur eine begrenzte Menge auszuscheiden vermag. Spirulina, Chlorella und Gräser enthalten alle einen Überschuss an

basischen Mineralstoffen und wirken entsprechend regulierend. Sie füllen die Speicher für alkalische Mineralstoffe wie Kalzium, Magnesium, Eisen, Mangan, Zink und Kalium wieder auf und helfen auch bei akutem Bedarf an diesen Mikro-Nährstoffen. Die Transportsysteme des Körpers werden bei regelmäßiger Einnahme positiv beeinflusst, und in der Folge wird der Stoffwechsel spürbar verbessert. Das Resultat sind bessere Leistung, größere Konzentration und allgemein mehr Lebensenergie.

Die Haut ist das größte Organ

Eine positive Wirkung auf die Haut übt insbesondere das in den Algen enthaltene Beta-Karotin aus.
Über die Förderung der Pigmentaktivität wird man schnell und nachhaltig braun. Beta-Karotin inaktiviert aggressive freie Radikale und hilft UV-bedingte Hautschäden zu vermeiden. Die Gamma-Linolensäure in der Spirulina bewirkt unter anderem, dass die unteren Hautschichten von innen gereinigt werden und die Haut besser durchblutet und mit Nährstoffen versorgt wird: Grundlagen für eine lebendige, jugendliche und straffe Haut.

Gefäße, Blut und Durchblutung

Bekannt ist, dass essentielle Fettsäuren eine positive Wirkung auf die Durchblutung haben. Ebenso, dass ein hoher Beta-Karotin-Spiegel im Blut das Risiko von Thrombose und Schlaganfall reduziert. Auch werden über den Basengehalt der Algen die roten Blutkörperchen flexibler, die Fließfähigkeit des Blutes wird zudem günstig beeinflusst.

Drüsen und Hormone

Das hochwertige pflanzliche Eiweiß aus Algen und Gräsern gibt dem Körper eine gute Grundlage zur Produktion von Hormonen. Insbesondere Spirulina hat eine positive Wirkung auf die Drüsen bei Frau und Mann und kann den Geschlechtstrieb anregen. Auch die Spermienproduktion wird stimuliert. Bei Frauen kann das Prämenstruelle Syndrom (PMS) positiv beeinflusst und ein gestörter Menstruationszyklus normalisiert sowie die Fruchtbarkeit gefördert werden.

Infektionen

Das Chlorophyll in Spirulina, Chlorella und Gräsern wirkt bakterizid und entzündungshemmend.
Die regelmäßige vorbeugende Einnahme bewirkt, dass sich die Zellwände (Membranen) so verändern, dass Viren weniger gut eindringen und sich somit auch nicht weiter vermehren können. Andere Funktionen der Zellen werden dabei nicht beeinträchtigt. Der Schutzeffekt ist sowohl gegenüber harmlosen Schnupfenviren wie auch Grippe und HI-Viren wirksam.

Leber

Da Spirulina, Chlorella und Gräser Giftstoffe im Körper eliminieren, wird die Leber entlastet. Dies fördert eine ausgewogene Körpertemperatur und beseitigt Müdigkeit.

Die Nährstoffe

Damit wir uns bei den Detailbeschreibungen von Spirulina, Chlorella und Weizengras nicht allzu häufig wiederholen müssen, fassen wir an dieser Stelle die Informationen über einige wichtige Inhaltsstoffe zusammen.

Eiweiße

Eiweiße setzen sich aus Aminosäuren zusammen, für deren Struktur Stickstoff notwendig ist. Unser Organismus kann die essentiellen Aminosäuren nicht selber bilden; sie müssen mit der Nahrung zugeführt werden. Die nichtessentiellen Aminosäuren kann der Körper selbst herstellen. Für den Aufbau von Eiweißen sind die essentiellen Aminosäuren zwingend notwendig. Ein Eiweiß wird als biologisch hochwertig angesehen, wenn es, wie in der Spirulina, alle essentiellen Aminosäuren besitzt.

Vitamine

Provitamin A (Beta-Karotin)
Provitamin A (Beta-Karotin) ist eine Vorstufe des fettlöslichen Vitamins A und so eine wichtige Quelle von Vitamin A für den Menschen. Da der menschliche Organismus aus dem Beta-Karotin nur die jeweils gerade benötigte Menge Vitamin A umwandelt – im Verhältnis 6:1 –, besteht keine Gefahr einer Vergiftung bei erhöhter Aufnahme (bei Vitamin A hingegen schon!). Natürliches Beta-Karotin stärkt das Immunsystem. Beta-Karotin und Vitamin A werden auch therapeutisch bei Hautkrankheiten eingesetzt. Ebenso wird das Risiko von Makula-Degeneration und

Grauem Star vermindert. Das Beta-Karotin ist relativ hitzestabil. Es kann dem Organismus nur in Verbindung mit Fett verfügbar gemacht werden.

Ein wichtiger Untersuchungsbericht wurde 1982 vom Nationalen Forschungsrat der Vereinigten Staaten veröffentlicht. In der Studie mit dem Titel «Nahrung, Ernährung und Krebs» kamen die Forscher zum Schluss, dass Beta-Karotin- und Vitamin-A-reiche Nahrung das Krebsrisiko verringern kann. Der Anstieg der Krebsrate scheint auf Umweltfaktoren und insbesondere auf die Ernährung zurückzuführen zu sein. Es wird empfohlen, täglich mindestens zwei Portionen Gemüse und Früchte zu verzehren, die reich an Beta-Karotin sind. Dazu zählen Karotten, Süßkartoffeln, grüne und rote Gemüse, Kürbis, Papaya, Aprikose und Honigmelone, aber auch Spirulina. Die präventive Wirkung gegen Krebs beruht darauf, dass natürliches Beta-Karotin ein hochwirksames Antioxidans ist und freie Radikale unschädlich macht.

Vitamin B_{12}

Vitamin B_{12} braucht der Körper für ein gesundes Nervensystems und für die Energiegewinnung aus Kohlenhydraten, Fetten und Proteinen. Vitamin B_{12} ist ein wichtiger Cofaktor für zahlreiche enzymatische Reaktionen. Eine unzureichende Versorgung mit Vitamin B_{12} kann unter anderem dazu führen, dass der körpereigene Stoffwechsel schlecht läuft. Schmerztherapien mit Vitamin-B_{12}-Injektionen sind altbewährt und werden vor allem noch in Ländern praktiziert, die wenig Geld für Medikamente haben. Bei Mangel kommt es zu Erkrankungen des Blutes.

Mineralien und Spurenelemente

Kalzium

Das Kalzium ist für die Bildung von Knochen und Zahnsubstanz von Bedeutung und für die Funktion von Nervensystem und Muskeln unentbehrlich. Das Mineral hilft bei der Behandlung von Allergien.
Die Verwertung von Kalzium ist von der Konzentration des Magnesiums im Körper abhängig.

Eisen

Eisen ist ein essentielles Spurenelement. Zu wenig Eisen ist die häufigste Mineralmangelerscheinung und wird vor allem bei Frauen, Kindern und älteren Menschen diagnostiziert. Eisen ist unentbehrlich für gesundes Blut und ein robustes Immunsystem.
Es ist das zentrale Atom im Hämoglobin, unserem roten Blutfarbstoff. Es ist auch Bestandteil der Enzyme, welche für die Sauerstoffversorgung wichtig sind. Eisen hilft somit über das Blut, die Energieversorgung sicherzustellen.

Nährstoffe und sekundäre Pflanzenstoffe

Essentielle Fettsäuren

Der übermäßige Verzehr gesättigter Fette, exzessiver Alkoholkonsum und unzureichende Ernährung können zu einem Mangel an Gamma-Linolensäure und verminderter Prostaglandinsynthese und somit zu einer Störung des Hormonhaushaltes führen. Diese Tatsache ist mitverantwortlich für eine Vielzahl gesundheitlicher Probleme unserer heutigen Gesellschaft. Die Nahrung sollte reich an einfach und mehrfach ungesättigten Fettsäuren sein, da sie u. a. den Cholesterinspiegel regulieren, das Herz-Kreislauf-System günstig beeinflussen und Ausgangsstoff für Hormone sind.

Natürliche Pigmente

Chlorophyll

Chlorophyll gibt Wiesen und Wäldern ein erfrischendes Grün. In der Pflanze sorgt es für die Aufnahme und Umwandlung der Sonnenenergie. Die Pflanze kann ihre Struktur entwickeln und gleichzeitig den Stoffwechsel sicherstellen.

Das Blattgrün Chlorophyll, auch «grünes Blut» genannt, ist dem Hämoglobin im Blut des Menschen ähnlich. Während im Chlorophyll ein Magnesium-Ion als Zentralatom vorkommt, ist im Hämoglobin des Blutes das Spurenelement Eisen vorhanden. Pflanzen wandeln während der Photosynthese Kohlendioxid in Sauerstoff um; der Mensch atmet Sauerstoff ein und im Gegenzug Kohlendioxid wieder aus. Chlorophyll hat antioxidative Fähigkeiten und eine Reihe gesundheitsfördernder Wirkungen im Körper. In den 1930er Jahren wurde die heilende Wirkung von Chlorophyll bei Wunden, Entzündungen und Infektionen entdeckt. Es wirkt antibiotisch und entfaltet dadurch auch eine deodorierende Wirkung; es kann somit auch schlechten Atem- und Körpergeruch verhindern. Es fördert die Geweberegeneration, steigert die Widerstandsfähigkeit der Zellen und zersetzt Kohlendioxid; dadurch wird Sauerstoff freigesetzt, welcher für anaerobe Bakterien giftig ist.

Chlorophyll fördert das Wachstum neuer Blutzellen, weshalb es auch «natürliches EPO» (natürlicher Blutbildner) genannt wird. Ein genügend hoher Wert an roten Blutkörperchen (Erythrozyten) sorgt für eine bessere Sauerstoffversorgung und damit für bessere Leistungen. Chlorophyll kann ferner zur Vorbeugung einiger Krebsarten beitragen, indem es Karzinogene unschädlich macht. Es entgiftet die Leber, verbessert die Aufnahme von Eisen und hat eine regenerierende Wirkung auf Lunge und Herz.

Phycocyanin
Phycocyanin entstand Milliarden Jahre vor Chlorophyll und könnte sowohl dessen Ausgangsstoff als auch der Ursprung des Hämoglobins sein. Sowohl Magnesium als auch Eisen befinden sich in seiner molekularen Ringstruktur, weshalb Phycocyanin möglicherweise der Ursprung des pflanzlichen und tierischen Lebens gewesen ist. Das Pigment kann einer Vielzahl von Krankheiten vorbeugen und das Immunsystem stimulieren. Laut einer japanischen Patentschrift unterstützt die tägliche Gabe einer geringen Menge Phycocyanin die normalen Zellfunktionen und senkt das Risiko vor bösartigen Entwicklungen.

Enzyme

Bei den Enzymen handelt es sich um Eiweißmoleküle. Enzyme unterstützen die biochemischen Prozesse im Körper. Sie ermöglichen erst einen reibungslosen Stoffwechsel, sind maßgeblich an der Verdauung beteiligt, verbessern die Fließfähigkeit des Blutes, bauen schädliche Immunkomplexe ab und spielen eine wichtige Rolle für die Entgiftung. Ohne diese Enzyme ist praktisch kein Leben möglich.

Ballaststoffe

Ballaststoffe quellen im Darm auf, was zu einem größeren Volumen des Nahrungsbreis führt. Dadurch fließen auch mehr Verdauungssäfte. Ballaststoffe binden schleimhautreizende und unverträgliche Stoffe im Darm, die über den Dickdarm mit den Nahrungsresten ausgeschieden werden. Ebenso sind die Ballaststoffe für die Leberentgiftung wichtig, weil sämtliche fettlöslichen Gifte, von der Leber aus dem Blut gefiltert, auf dem Umweg über die Galle in den Darm gelangen und dort nur durch Ballaststoffe vom Gallensaft abgekoppelt werden können. Die Gallenflüssigkeit wird vom Körper teilweise wieder resorbiert. Die Ballaststoffe selbst werden nicht verdaut, sie bewegen den Darminhalt (fördern die Peristaltik) und reinigen den Verdauungstrakt; nach getaner Arbeit werden sie wieder ausgeschieden. Die Wirkungsweise lässt sich mit einem Hautpeeling vergleichen.

Spirulina

Spirulina ist die weltweit am besten untersuchte und wissenschaftlich dokumentierte Mikroalge. In diesem Buch liegt der Schwerpunkt deshalb auf dieser Alge. Auf die zu häufige Erwähnung von Studien haben wir aber bewusst verzichtet.

Eiweiß

Spirulina besitzt mit durchschnittlich 65 Prozent den höchsten Eiweißgehalt aller natürlichen Nahrungsmittel. Sie enthält wesentlich mehr Eiweiß als zum Beispiel Fleisch oder Fisch (15–25 Prozent), Sojabohnen (35 Prozent), Erdnüsse (25 Prozent), Eier (12 Prozent), Getreide (8–14 Prozent) oder Vollmilch (3 Prozent).

Spirulina enthält alle essentiellen Aminosäuren. In Verbindung mit anderen Lebensmitteln wie etwa Gemüse oder Getreide kann sie deren Eiweiße vervollständigen und die Aufnahme wesentlich verbessern. Bereits vier gehäufte Esslöffel Spirulinapulver decken den Tagesbedarf aller essentiellen Aminosäuren eines Erwachsenen. Die Verdaulichkeit der Eiweiße ist für viele Menschen von besonderer Bedeutung. Spirulina hat eine Zellwand, die nicht aus unverdaulicher Zellulose, sondern aus besonders leicht aufschließbaren Mehrfachzuckern (Mucopolysacchariden) besteht. Dies ist der Grund für die mit 85–95 Prozent besonders hohe Verdauungsrate.

Vitamine

Spirulina liefert eine ausgewogene Palette natürlicher, lebensnotwendiger Vitamine.

Provitamin A (Beta-Karotin)
Spirulina enthält die zehnfache Menge Beta-Karotin wie die vergleichbare Menge Karotten. Bereits 5 g Spirulina decken den empfohlenen Tagesbedarf an Vitamin A, das auch bei der Erhaltung der Sehkraft von Bedeutung ist.

Vitamin B_{12} und der Vitamin-B-Komplex
Spirulina ist die reichste Quelle für natürliches vegetabiles und verwertbares Vitamin B_{12}. Schon seit Jahrzehnten nutzen Veganer und Vegetarier sowie Menschen, die ihren Fleischkonsum reduziert haben, Spirulina als zuverlässige Vitamin-B_{12}-Quelle.

Ein Esslöffel Spirulina enthält bedeutende Mengen der Vitamine B_1 (Thiamin), nämlich 25 Prozent des Tagesbedarfs gemäß der Empfehlung der Deutschen Gesellschaft für Ernährung (DGE) und B_2 (Riboflavin), nämlich 20 Prozent des Tagesbedarfs nach DGE. Andere B-Vitamine wie B_6, Niacin, Biotin, Pantothensäure, Folsäure, Inosit und auch Vitamin E sind ebenfalls vorhanden. Spirulina enthält insgesamt mehr Vitamine als Vollkorngetreide, Obst und Gemüse.

Organisch gebundene Mineralien

Algen nehmen während ihres Wachstums Mineralien und Spurenelemente auf natürliche Weise auf. Durch Pflanzen in eine organische Form verwandelte Mineralien werden im menschlichen Organismus leichter erkannt und verwertet als ihre synthetischen, isolierten Nachbildungen oder rein mineralische, anorganische Produkte.

Der beste natürliche Eisenlieferant

Spirulina hat den höchsten Eisengehalt und erreicht durchschnittlich das Zwanzigfache des Werts anderer eisenhaltiger Nahrung. Spirulina enthält zweiwertiges, leicht resorbierbares Eisen, wie es sonst nur in tierischen Produkten vorkommt. Laut einer Theorie bildet der blaugrüne Farbstoff Phycocyanin während der Verdauung lösliche Komplexverbindungen mit Eisen und anderen Mineralien, welche der menschliche Organismus leichter und effektiver resorbiert als aus Gemüse oder Fleisch.

Kalzium, Magnesium, weitere Mineralien und Spurenelemente

10 g Spirulina decken 13 Prozent des täglichen Bedarfs an Magnesium und 10 Prozent an Kalzium. Spirulina ist eines der Nahrungsmittel mit der höchsten Magnesiumdichte und enthält deutlich mehr Kalzium als Milch. 10 g Spirulina enthalten 25 Prozent der empfohlenen täglichen Manganzufuhr, 28 Mikrogramm Chrom und geringere Mengen Zink, Kupfer, Selen und Germanium. Spirulina enthält, je nach Anbaugebiet und Konstruktion der Becken für die Wasserkultur, wenig oder kein Jod und Natrium und ist daher auch bei einer salzarmen Ernährungsweise empfehlenswert.

Essentielle Fettsäuren

10 g Spirulina enthalten durchschnittlich 225 mg mehrfach ungesättigte (essentielle) Fettsäuren in Form von Linolen- und Gamma-Linolensäure.

Regenbogen natürlicher Pigmente

Die kräftige dunkle Farbe von Spirulina ist auf die hohe Konzentration an natürlichen Farbstoffen (Pigmenten) zurückzuführen: Chlorophyll (grün), Beta-Karotin (gelb bis orange), Phycocyan (blau).
Die Carotinoide sind in Spirulina als Beta-Karotin, Xanthophyll (in grünem Gemüse, Algen), Beta-Krypto-

xanthin, Echinenon, Zeaxanthin und Lutein enthalten. Da anscheinend für die Aufnahme von Beta-Karotin durch den Körper auch der Zerkleinerungsgrad und die Fettlöslichkeit eine Rolle spielen, scheint Spirulina die geradezu perfekte Quelle von Beta-Karotin zu sein, denn sie ist mikroskopisch klein und enthält zudem etwas Fett. Die Carotinoide schützen auch vor der schädlichen Wirkung von UV-Strahlen und beeinflussen Lichtempfindlichkeit und Pigmentstörungen positiv.

Chlorophyll
Chlorophyll hat eine reinigende, entschlackende und entgiftende Wirkung und ist der einzige Stoff in unserer Nahrung, der Sonnenlicht speichern kann. Spirulina besteht zu 1 bis 2 Prozent aus Chlorophyll, Chlorella aus 2 bis 3 Prozent, Weizengras aus 0,5 – 0,7 Prozent.

Phycocyanin
Phycocyanin, ein blauer Farbstoff, der in Spirulina bis zu 20 Prozent des Gesamtgewichts ausmachen kann, gilt als stark tumorhemmend und stimuliert außerdem das Lymphsystem.

Enzyme

Das Enzym Superoxid-Dismutase (SOD) spielt bei der Bekämpfung von freien Radikalen, bei der Regulation von Entzündungen und der Verzögerung des Alterungsprozesses eine wichtige Rolle. Die Enzymaktivität von SOD in Spirulinapulver variiert zwischen 10'000 und 37'500 Einheiten pro 10 Gramm. Spirulina enthält eine weitere Vielfalt von über 2000 Enzymen.

Anwendungen

Natürliches Beta-Karotin reduziert das Krebsrisiko

Spirulina enthält zehn Mal so viel organisches Beta-Karotin in natürlich konzentrierter und verwertbarer Form wie Karotten. Sie ist damit das an Beta-Karotin reichste Lebensmittel überhaupt. Der offenkundige Zusammenhang zwischen Beta-Karotin und Krebsprävention ist beeindruckend. Wenn wir nicht täglich vier bis fünf Portionen frisches Obst und Gemüse essen können oder wollen, bietet Spirulina durch den hohen Gehalt an organischem Beta-Karotin zusätzlichen Schutz.

Phycocyanin für das Immunsystem

Algen spielen bei der Suche natürlicher Substanzen, welche das Immunsystem stärken oder gegen Krebs wirken, eine wichtige Rolle. Eine seltene und außergewöhnliche Substanz, die in blaugrünen Algen wie Spirulina enthalten ist, ist das natürliche blaue Proteinpigment Phycocyanin. In China hat man 1993 festgestellt, dass das in Spirulina enthaltene Phycocyanin wie auch die Polysaccharide die Zellimmunität steigern, indem sie die Regeneration des Knochenmarks, das Wachstum von Thymus und Milz und die Synthese des Serumproteins fördern.

Polysaccharide für das Immunsystem

Studien neueren Datums zeigen, dass die in Spirulina enthaltenen Polysaccharide die Bildung von Makrophagen (Fresszellen) anregen.

Es deutet immer mehr darauf hin, dass die in Spirulina enthaltenen Beta-Glukane (natürliche Polysaccharide) für die positive Wirkung der Alge auf das Immunsystem wesentlich mitverantwortlich sind. Die Beta-Glukane ähneln im Aufbau bestimmten Molekülen in der Zellmembran von Bakterien und bewirken eine Art Training des Immunsystems.

Reguliert den Cholesterinspiegel

Natürliche, an Ballaststoffen reiche Nahrungsmittel wie Haferkleie, Weizengraspulver und Spirulina haben in der täglichen Ernährung einen besonderen Stellenwert. Ihnen wird unter anderem eine cholesterinregulierende Wirkung zugeschrieben. Denn bei ballaststoffarmer Ernährung wird Cholesterin mit der Gallenflüssigkeit im Dickdarm in die Blutbahn zurückresorbiert und bleibt somit im Körper. Viel Ballaststoffe bewirken, dass der Komplex aus Galle und Cholesterin mit dem Stuhl ausgeschieden wird und die Leber Cholesterin aus dem Blut abziehen muss, um neue Gallenflüssigkeit herzustellen.

Saniert den Dickdarm

Eine ballaststoffarme Kost kann zur Ansammlung von Ausscheidungsprodukten in den Taschen des Dickdarms führen, sogenannten Mucoiden. Wenn diese nicht beseitigt werden, sind schlechte Verdauung und Verstopfung, geringe Nährstoffverwertung, Fuselalkoholbildung und im schlimmsten Fall Darmkrebs mögliche Folgen. Spirulina werden Eigenschaften attestiert, welche den Stoffwechsel beleben und sich unmittelbarim zellulären Bereich auf das Körpergewebe auswirken. Somit kann die Mikroalge die Beseitigung schleim-bildender Substanzen über die Lymphe fördern.

Milchsäureflora im Dünndarm

Milchsäurebakterien fördern im Darm die Verdauung, die Resorption der Nahrung und die Stimulierung des Immunsystems und bieten zudem einen besseren Schutz vor Infektionen. Spirulina unterstützt die Vermehrung von Milchsäurebakterien im Darm, sorgt für ein gesundes Darmmilieu und verbessert die Ausnutzung von Nährstoffen aus der Nahrung.

Diabetes

Spirulina kann eine positive Wirkung bei Diabetes haben. Ein in Spirulina enthaltener wasserlöslicher Teil hält den Blutzuckerspiegel zwischen den Mahlzeiten aufrecht, während der nicht wasserlösliche Teil den Blutzuckerspiegel bei der Glukoseaufnahme bremst. Spirulina versorgt den Organismus mit schnell verwertbarer Energie, ohne die Bauchspeicheldrüse zu belasten.

Entlastet die Nieren

Bei der Reinigung des Organismus von Giftstoffen spielen die Nieren eine wichtige Rolle. Schwermetalle und viele Medikamente sind für ihre toxischen Nebenwirkungen bekannt. Substanzen, welche eine Reinigung der Nieren von Schwermetallen oder toxischen Rückständen unterstützen, bedeuten für viele Menschen eine bessere Gesundheit.

Gamma-Linolensäure und Prostaglandinstimulation

Eine an gesättigten Fetten reiche Ernährung, wie sie in den westlichen Industrienationen weit verbreitet ist, blockiert die Funktion der essentiellen Fettsäuren im menschlichen Organismus und schafft somit die Grundlage für Krankheiten. Die Gamma-Linolensäure ist eine bedeutende Fettsäure und eine Ausgangssubstanz in der Prostaglandinsynthese. Das Prostaglandin PGE 1 ist in eine Vielzahl von lebensnotwendigen Körperfunktionen involviert wie zum Beispiel der Regulation des Blutdrucks, der Cholesterinsynthese, der Entzündungshemmung sowie des Zellwachstums. Ein Mangel an Gamma-Linolensäure bzw. PGE 1 kann zu degenerativen Krankheiten und anderen ernsthaften Gesundheitsproblemen führen. Einzige bekannte Quellen von Gamma-Linolensäure sind die Nahrungsmittel Spirulina und die Muttermilch sowie Extrakte aus der schwarzen Johannisbeere, aus der Nachtkerze und aus den Borretschsamen. 10 Gramm Spirulina enthalten über 100 mg Gamma-Linolensäure, also mehr, als in durchschnittlich zwei Kapseln Nachtkerzenöl enthalten sind.

Sulfolipide behindern das Wachstum des HI-Virus

1986 begann das amerikanische Krebsinstitut NCI mit der Untersuchung tausender verschiedener blaugrüner Algenarten auf ihre Wirkung gegen das HI-Virus und hundert verschiedene Krebsarten. Drei Jahre später gab das NCI bekannt, dass das aus blaugrünen Algen stammende Sulfolipide eine «signifikante Aktivität» gegen das HI-Virus zeitigen. Diese Sulfolipide kommen in den Glycolipiden blaugrüner Algen vor und hindern Viren daran, sich an Zellen zu heften oder in diese einzudringen.

Radioaktivität

Blaugrüne Mikroalgen wie Spirulina sind in der Lage, den Körper vor Radioaktivität zu schützen oder ihre Wirkung zu verringern.

Chlorella

Obwohl Chlorella im asiatischen Raum im täglichen Leben eine große Bedeutung und fast den Stellenwert von Reis hat, ist diese Algenart weniger untersucht als Spirulina. Deshalb können weniger wissenschaftlich gesicherte Aussagen über diese Grünalge gemacht werden.

Eiweiß

Chlorella ist mit einem Anteil von rund 60 Prozent Eiweiß ähnlich wie Spirulina eine äußerst interessante Eiweißquelle. Sie enthält alle 8 essentiellen Aminosäuren und 19 der 22 bekannten Aminosäuren. Chlorella hat eine ähnliche Aminosäurenzusammensetzung, wie man sie vom Menschen kennt.

Mineralstoffe, Vitamine, Spurenelemente, Pigmente

Neben einer beträchtlichen Menge Vitamin C enthält Chlorella Beta-Karotin sowie die Vitamine B_1, B_2, B_6, B_{12}, Niacin, Pantothensäure, Folsäure, Biotin, Cholin, Inositol, PABA (Para-Aminobenzoesäure), Vitamin E und Vitamin K. An Mineralien und Spurenelementen bietet Chlorella Phosphor, Kalium, Magnesium, Schwefel, Eisen, Kalzium, Mangan, Kupfer, Zink, Jod sowie Kobalt. Ferner ist in Chlorella Alpha-Liponsäure enthalten, die wichtige Funktionen bei der Schwermetallentgiftung hat. Die Zellwände der Pflanzen bestehen zum größten Teil aus unverdaulicher Zellulose. Folglich können Inhalts- und Nährstoffe nur verwertet werden, wenn die Zellwand

mechanisch geknackt wird. In der Mühle werden die Zellwände vermahlen, ohne dass dabei der Inhalt beeinträchtigt wird; dadurch wird Chlorella für den Menschen zu 85 Prozent verdaubar. Die komplexe Verarbeitung ist mit ein Grund, weshalb Chlorella teurer ist als Spirulina.

Ein Teelöffel Chlorella enthält in etwa die empfohlene Tagesdosis von Vitamin B_{12} (1 Mikrogramm).

Beta-Karotin (Provitamin A)

Die für Erwachsene empfohlene Tagesdosis Beta-Karotin liegt bei 4,8 mg; sie kann mit einem Esslöffel Chlorella gedeckt werden.

Chlorophyll

Chlorella enthält mehr Chlorophyll als jede andere Land- oder Seepflanze. Mit bis zu 4 g pro 100 g enthält sie sogar viermal mehr Chlorophyll als Spirulina, die schon als sehr gute Quelle gilt.

Chlorella-Wachstumsfaktor (CWF)

Die Algenzellen sind reich an DNA (Desoxyribonukleinsäure) und RNA (Ribonukleinsäure) und enthalten spezielle Glykoproteine, die unter anderem als wichtige Bausteine des Immunsystems bekannt sind. Diese Inhaltsstoffe und ihre Wirkung sind heute unter dem Begriff Chlorella-Wachstumsfaktor (CWF) bekannt. CWF wird überwiegend in Chlorella gefunden, die im Freien angebaut wird. Als potentestes Mittel im CWF vermutet man Nukleinsäuren, welche beschädigtes Gewebe reparieren können.

Anwendungen

Breitbandwirkung

Chlorella wirkt antibakteriell und beeinflusst über das Chlorophyll den Stoffwechsel, die Hormontätigkeit und das Immunsystem. Sie beschleunigt die Wund- und Brandheilung und bietet ferner Schutz vor Röntgenstrahlen.

Entgiftungsmittel

Studien über die Behandlung mit Chlorella bei Schwermetallvergiftungen, insbesondere Kadmium, haben zu erstaunlichen Ergebnissen geführt: Das Schwermetall wird an die unverdaulichen Zellwandbruchstücke gebunden und später über den Stuhl ausgeschieden.

Unter den Studien über die Fähigkeit von Chlorella, giftige Substanzen aus dem Körper auszuscheiden, finden sich auch welche zur Eliminierung von Blei und Quecksilber (Amalgam). Vor allem die äußere Zellwand mit ihren polymerisierten Karotinoiden scheint für die Bindung giftiger Stoffe verantwortlich zu sein. Der Pflanzenstoff Sporopollein bindet ebenfalls Gifte und Schwermetalle im Körper und ermöglicht so ein Ausscheiden über den Verdauungsapparat. Auch die Liponsäure ist in der Lage, Schwermetalle zu binden, damit sie ausgeschieden werden können.

Gesundheit und Immunsystem

Chlorophyll ist der ideale Stoff zur Heilung und Vorbeugung von Infektionskrankheiten. Chlorella als Königin der chlorophyllhaltigen Pflanzen enthält zudem Beta-Karotin, Eisen, Vitamin C und etwas Zink in Spuren.

- Stärkung des Immunsystems
- Normalisierung der Magen-Darm-Funktion bei Neigung zu Entzündungen und Geschwüren (Morbus Crohn, Reizdarm)
- Verbesserung von Leberfunktion und Fettstoffwechsel
- Hautprobleme
- Unterstützung bei allen Stoffwechselkrankheiten
- Entzündung der Bauchspeicheldrüse
- Arthritis
- Schwangerschaft und Fastenkuren
- Unterstützung der Gesundheit der Augen
- Erhöhung der Gedächtnis- und Leistungsfähigkeit

Weizengras

Frische Wiesen: Weideplätze und Ursprünge der Hochkulturen

Gras gab es auf unserem Planeten schon lange vor uns Menschen. Die herausragendsten Zivilisationen des Altertums entstanden vornehmlich bei bestem Grasland. Die ägyptische Fruchtbarkeitsgöttin Isis soll das Weizenkorn in Phönizien, dem heutigen Libanon, gefunden haben. Der berühmte griechische Historiker Herodot bezeichnete diese Gegend als den «fruchtbaren Halbmond». Diese Länder sind nicht nur die Wiege der westlichen und nahöstlichen Zivilisationen, sondern auch eine Gegend von unvergleichlicher Fruchtbarkeit. Manche unserer heutigen Getreidearten stammen aus diesem Gebiet. Die Göttin der Landwirtschaft bei den Römern trug den Namen Ceres (vgl. Zerealien, d. h. Getreide). Die Griechen verwendeten Getreidesamen als Geschenke für ihre Göttin der Ernte, Demeter, und für ihre Tochter Persephone. Heiler und Gelehrte verschiedenster Völker und Stämme wussten wohl seit je um die Qualitäten von Gras: Die Druiden der Kelten verwendeten Weizengras zur Wundheilung, die Indianer Nordamerikas therapierten damit Wurmerkrankungen und Verstopfungen, die Mayas wussten mit dem grünen Mittel unter anderem Furunkel und Warzen zu behandeln. Auch Jesus von Nazareth soll die Bedeutung der Gräser erwähnt haben; in den essenischen Schriftrollen, die in der Nähe des Toten Meeres gefunden wurden, lobt er sie als die perfekte Nahrung für die Menschheit: «Hier ist (...) der Ursprung allen Lebens.»

Gräser sind ein bedeutender ökologischer und ökonomischer Faktor. In der gesamten Geschichte der Menschheit und auf dem ganzen Globus waren sie schon immer eine wichtige direkte oder indirekte Quelle der Ernährung. Etwa ein Drittel des Fest-

landes unseres Planeten ist mit Gräsern bedeckt. Ihre Ausbreitung ist proportional zu ihrer Bedeutung; diese aber ist allerdings weitgehend unbekannt, da der Mensch sich lieber an schönen Dingen wie Rosen, Azaleen oder Orchideen erfreut. Heute decken Gräser nahezu die gesamte Welternte ab; vier der fünf wichtigsten Saaten sind Getreidearten: Weizen, Mais, Reis und Gerste.

Botanisch gehört Gras zur Gramineae-Familie mit ihren schmalen Blättern, hohlen Stängeln und eher unspektakulären Blüten. Die Blätter entspringen dem tragenden Stängel an einer bestimmten Stelle. Gräser sind weltweit die am meisten verbreitete Gruppe von Blütenpflanzen. Weizen, Roggen, Mais, Reis, Hafer, Gerste, Hirse, Dinkel, Kamut usw., alle diese Getreidearten machen in ihrem frühen Wachstumsstadium Gras, bevor sie einen «Knoten» bilden. Dann entsteht ein Stängel und die Pflanze wechselt in eine sich wiederholende Aufbauphase.

Die Nährstoffe

Weizengras und andere Gräser (z. B. Gersten- und Dinkelgras) sind eine natürliche und reiche Quelle für Eiweiß, Chlorophyll, Ballaststoffe, Enzyme, Vitamine, Mineralstoffe und Spurenelemente. Die vielen Inhaltsstoffe liegen in einem ausgewogenen Verhältnis vor nach dem Motto «Die Natur ist der beste Chemiker».

Gras enthält über 90 Mineralien, die für einen ausgewogenen Stoffwechsel nötig sind, ebenso den für die menschliche Gesundheit sehr wichtigen Farbstoff Chlorophyll. Enzyme von Weizengras sind im frisch gepressten Saft bestens vertreten. Ballaststoffe sind nur im Pulver enthalten.

Weizengras enthält übrigens weder Gluten noch andere Allergene des Korns. Das Weizengras ist ein Gemüse und kein Getreide! Und: das Weizengras sollte auf nüchternen Magen eingenommen werden.

Eiweiße, Vitamine, Mineralstoffe, Spurenelemente, Pigmente

Das Getreidegras besteht zu rund einem Viertel aus Eiweiß. Damit ist der Anteil wesentlich höher als in Eiern oder Fleisch (maximal 16 Prozent). Das Eiweiß im Getreidegras ist wesentlich leichter verdaulich als tierisches Eiweiß. Anders als reine Eiweißpräparate hat Getreidegras auch bei hoher Dosis keine negativen Auswirkungen auf die Nieren oder andere Organe. Dies ist ein wichtiger Hinweis für Berufssportler und Menschen, die physische Höchstleistungen erbringen. Wenn in einer Mahlzeit nur wenige essentielle Eiweiße vorkommen, ist der Organismus nicht in der Lage, aus ihnen Körpersubstanzen oder Zellbausteine für den Gewebeaufbau zu entwickeln. Anders im Weizengras, wo sie umfassend vorhanden sind und sich ergänzen.

Das Weizengras ist reich an Vitaminen und Mineralstoffen. Erwähnenswert sind Folsäure, Vitamin K und Eisen. Reich an Folsäure sind auch Eigelb, Fenchel und Spinat. Weizengras enthält ein Mehrfaches an Folsäure: siebenmal mehr als Eigelb, elfmal mehr als Fenchel und fast vierzehnmal mehr als Spinat. Folsäure schützt Ungeborene vor Neuralrohrdefekten. Schwangere sollten sich deshalb folsäurereich ernähren. Folsäure senkt erhöhte Homocysteinwerte im Blut, die als Risikofaktor für Arteriosklerose gelten. Folsäure ist auch für die Blutbildung und für den Aufbau und die Reparatur von Nervengewebe notwendig.

Vitamin K nimmt im Prozess der Blutgerinnung eine wichtige Rolle ein. Weiter ist Vitamin K direkt am Knochenaufbau beteiligt.
Das normalerweise fettlösliche Vitamin E kommt im Weizengras in einer wasserlöslichen Form vor.
Dieses Schutzvitamin hilft, zellschädigende, aggressive freie Radikale im Körper abzubauen und fördert gleichzeitig die Durchblutung.

Chlorophyll
Getrocknetes Gras enthält 0,5–0,7g Chlorophyll auf 100 g. Wenn dieser Wert auch nicht an jenen von Chlorella heranreicht, ist Gras dennoch eine wertvolle Chlorophyll-Quelle.

Enzyme
Die hitzebeständigen, wasserlöslichen Enzyme P4D1 helfen bei den Reparaturen der DNA, der Erbinformation. Die hitzeempfindlichen Enzyme P4D1 und SOD sind entzündungshemmende Wirkstoffe.
Frisches Getreidegras enthält bekannte Enzyme:

- Proteasen: fördern die Verdauung von Eiweiß
- Cytrochrome Oxidase: Antioxidans zur Unterstützung der Zellatmung
- Amylase: fördert die Stärkeverdauung
- Lipase: Fett spaltendes Enzym
- Transhydrogenase: hilft der Herzmuskulatur
- SOD (Superoxid-Dismutase): wird in allen Körperzellen gefunden und verhindert Entzündungen und allzu schnelle Zellalterungsprozesse

Ballaststoffe – unterschätzte Helfer im Darm
Die Gräser sind reich an Ballaststoffen und tragen damit zu einer besseren Verwertung der Nahrung und zum Schutz des Körpers vor Schadstoffen bei.

Anwendungen

Weizengras nur aus Körnern aus biologischem Anbau ziehen.

Konventioneller Weizen ist stark verzüchtet und degeneriert, was dazu geführt hat, dass gewisse Hersteller auf Gerstengras ausgewichen sind. Die Fülle an Nährstoffen in gesundem Weizengras aus biologischem Saatgut ist jedoch kaum zu überbieten. Wenn man selber anbaut, sollte man ebenso auf biologische Samenkörner und auf entsprechende, nährstoffhaltige Erde Wert legen, da im Gras letztlich nur sein kann, was auch in der Erde ist. Ob Weizen-, Dinkel- oder Gerstengras spielt dabei keine so entscheidende Rolle. Die wesentlichen Substanzen und Synergiegefüge sind in Gräsern allgemein ähnlich. Anbauweise, Saatgutqualität und Bodenbeschaffenheit sind weitaus bedeutender.

Breitbandwirkung

Ann Wigmore schreibt in ihrem Buch »Be your own Doctor«, dass Dr. Earp-Thomas über hundert Stoffe aus dem Weizengras herausgelöst hatte, darunter 13 Vitamine, 20 leicht aufnehmbare Eiweißbausteine (Aminosäuren), 14 lebenswichtige Mineralien und eine Vielzahl von Spurenelementen. Er betrachtete es deswegen als Vollwertnahrung. Weizengras bewirkt eine Verbesserung des gesamten Stoffwechsels und fördert die Entschlackung. Und dies verbessert spürbar den allgemeinen Gesundheitszustand .

Weizengras ist stark basisch

Ein ausgewogener Säure-Basen-Haushalt ist von elementarer Bedeutung für die Gesundheit.
Ist der Körper überflutet mit Säuren, sind die Basenspeicher und -puffer erschöpft, so hat dies negative Auswirkungen auf den Organismus: Die Haut wird schneller alt, die Haare werden dünn und fallen aus, es beginnt im ganzen Körper zu jucken, Ausdauer und Geduld, Konzentrationsfähigkeit und der gesunde, erholsame Schlaf vermindern sich, Empfindlichkeit und Krankheitsanfälligkeit erhöhen sich.
Eine Kur mit Weizengras wirkt dieser Entwicklung entgegen und füllt die Basenspeicher auf.

Blut

Weizengras erhöht die Anzahl roter Blutkörperchen, reinigt das Blut und reguliert den Blutdruck.

Entgiftung

Weizengras hat eine starke Reinigungskraft, es fördert die Entgiftung der Lymphe, der Leber, der Niere und der Verdauungsorgane und senkt ebenfalls den Harnsäurespiegel im Blut. Das im Weizengras enthaltene Chlorophyll beseitigt Bakterien (Antibiotikum, «Deodorant»). Die hochwertigen, konzentrierten Ballaststoffe helfen bei der Entsorgung fettlöslicher Gifte.

Wundheilung

Frische Grassäfte können Wunden heilen und irritierte Haut beruhigen. Einfach den frisch gewonnenen, sauberen Saft auftragen und wirken lassen oder sterile Gaze damit tränken und auflegen.

Osteoporose

Weizengras enthält Vitamin K1, welches für die Blutgerinnung, den Knochenaufbau und gesunde Zähne von Bedeutung ist. Es ist bei der Vorbeugung von Osteoporose als sehr sinnvolles Gemüse zu betrachten, da es diese mit der natürlichen Synergie aus optimal verwertbarem Kalzium, Magnesium und Vitamin K1 vermeiden oder vermindern kann. Um auch Vitamin C mit im Spiel zu haben, empfiehlt sich frischer Weizengrassaft oder eine Kombination mit Pulver und Presslingen.

Der Verzehr anderer kalziumreicher Nahrungsmittel wie Zwiebeln, Sesamsamen usw. ist ebenfalls ratsam. Wir empfehlen hier bewusst nicht Käse- und Milchprodukte, weil diese Nahrungsmittel nicht ohne Vorbehalte als Kalziumquelle gelten können.

Krebs

Bei Tests von Gräsern im Einsatz gegen karzinogene Substanzen zeigte sich, dass es die negative Wirkung der Schadstoffe hemmen kann. Grasextrakte vermindern das Risiko für bösartige Erkrankungen.

Wirkung und weitere Anwendungen

- Mangelernährung, Energiemangel, Erschöpfung
- Verbesserung der Sauerstoffversorgung und Belebung des Gehirns
- Leistungsoptimierung im Sport
- Verlangsamung der Alterungsprozesses
- Stabilisierung und Unterstützung des Immunsystems
- bei Magenübersäuerung, ohne den Magensaft zu neutralisieren
- frische Grassäfte können hilfreich sein bei Infektionen, Grippe, Erkältungen
- Im HNO-Bereich können die frischen Säfte wertvolle Dienste leisten. Bei Sinusitis z.B. können sie in die Nase hochgeschnieft, bei Ohrenschmerzen ins Ohr geträufelt werden. Ebenso kann man damit gurgeln und das Zahnfleisch massieren.

Weizengras selber anbauen

Sie benötigen:

- biologisches Saatgut
- Komposterde oder Humus
- Blumentöpfe aus Ton oder Terracotta, Balkonkisten usw.
- Quellwasser

So wird es gemacht:

1

Die Weizenkörner 12 Stunden in Quellwasser einweichen.

2

Die Töpfe mit Erde füllen und gut befeuchten. Die Weizenkörner locker auf die angefeuchtete Erde legen, die Töpfe mit einer Plastikfolie abdecken.

3

Töpfe 3 Tage bei etwa 20 °C an einem dunklen Ort stehen lassen.

4

Am 4. Tag die Plastikfolie entfernen, die Erde und die Samen gut befeuchten und ans Licht (in die Sonne) stellen. Immer gut feucht halten.

5

8 bis 10 Tage nach der Aussaat sollte das Gras geerntet werden. Nur einmal ernten. Dem Zweitschnitt fehlen viele Enzyme, die nur beim Keimen entstehen.

Drinks

Birnen-Mandelmus-Drink

2 große, reife Birnen
6 EL weißes Mandelmus
4 dl/400 ml Wasser
1 Prise Ingwerpulver
1 TL Chlorellapulver
1 TL Melasse, Ahornsirup, Agavendicksaft, Fruchtkonzentrat, Malz (wahlweise)

1

Die Birnen vierteln, entkernen und klein schneiden.

2

Alle Zutaten mixen. Sofort servieren.

Abbildung, links

Chlorella mit seinem Eisen- und Vitamin B12-Gehalt hilft bei der Bildung von roten Blutkörperchen. Dieser Effekt wird im Sport oft auch künstlich durch Dopingmittel erzeugt, um mehr Sauerstoff mobilisieren zu können. Chlorella mit seinem Mineralienreichtum optimiert zusätzlich den Elektrolythaushalt.
Die Mischung mit Mandelmus ergibt ein sehr hochwertiges, schnell verfügbares Eiweiß.
Der Ingwer sorgt für einen schnellen Transport der Substanzen in die entsprechenden Gewebe und verbessert die Verdauung und die Durchblutung.
Die Birne ist ein wertvoller Glukose-Lieferant. Bei plötzlicher Aktivitätssteigerung ist Glukose der wichtigste Brennstoff für die Muskelzellen. Auch das Gehirn ist fast ausschließlich auf Glukose als Energielieferanten angewiesen.

Aprikosendrink

1 TL Sonnenblumen- oder Weizenkeimöl
1 Eigelb von einem Freilandei
1 TL Chlorellapulver
2 dl/200 ml Wasser
3 Aprikosen
½ Zitrone
2 EL Magerquark
½ TL Kurkuma (Gelbwurz)
1 TL Hagebuttenmarmelade zum Süßen

1

Die Aprikosen halbieren und entsteinen.

2

Alle Zutaten mixen. Sofort trinken.

Mit Hilfe des Magerquarks entsteht eine wasserlösliche Emulsion, welche die Fettverdauung und somit Resorption der fettlöslichen Vitamine wesentlich erleichtert. Kurkuma (Gelbwurz) ist als zusätzliche Fettverdauungshilfe dabei.
Dieser Saft verhilft vor allem Menschen mit Fettverdauungsschwierigkeiten zu ausreichendem Vitaminbestand. Der Geschmack steht hier nicht im Vordergrund und kann nach Belieben korrigiert werden. Man kann auch eine tüchtige Prise Ingwer oder Cayenne dazugeben, um die Verteilung und den Einbau der Vitamine zu beschleunigen.

Mango-Karotten-Saft

1 Mango
1 l Karottensaft
1 TL Spirulinapulver
1 Prise Ingwerpulver
1 EL Olivenöl extra nativ oder Leinsamenöl
1–2 EL Aprikosensirup zum Süßen, nach Belieben

1

Mango schälen, Fruchtfleisch in Scheiben vom holzig-faserigen Kern schneiden, zerkleinern.

2

Alle Zutaten mixen, nach Belieben mit Aprikosensirup süßen.

Abbildung, rechts

Dank der durchblutungsfördernden Wirkung des Ingwers verströmt dieser geballte Betakarotin-Drink seine Wirkung schnell und optimal im ganzen Körper.
Er ist besonders empfehlenswert für Veganer und Vegetarier, da diese oft einen latenten Mangel an Betakarotin (Vitamin A) aufweisen. Betakarotin ist ein starkes Antioxidans, es hat einen ausgeprägten Lichtschutzeffekt sowie eine Schutzwirkung auf die gesamte Haut und die Schleimhäute. Es vermindert das Krebsrisiko und das Risiko für kardiovaskuläre Erkrankungen; es schützt die Augen vor negativen Auswirkungen der UV-Strahlen und hemmt auch die Entwicklung von grauem Star.

Gemüse-Früchte-Drink

1 Salatgurke
1 Fenchel
1 Apfel
1 EL eingeweichte Rosinen
1 TL Hagebuttenpulver oder
2 EL Hagebuttenkonfitüre
1 TL Spirulinapulver
Quellwasser
1 EL weiße Sesamsamen,
leicht geröstet

1

Gurke und Fenchel in kleine Stücke schneiden. Apfel vierteln und entkernen, zerkleinern.

2

Alle Zutaten (ohne Sesamsamen) mit ein wenig Wasser mixen, Sesamsamen unterrühren. Sofort servieren.

Abbildung, hinten

Dieser Drink füllt die Basenspeicher. Der Basenüberschuss tut allen säureempfindlichen Organen gut und stärkt das Puffersystem des Körpers.
Die Rosinen haben eine antivirale Wirkung, Betakarotin (Spirulina, Hagebutte) und Vitamin C (Hagebutte, Apfel) helfen, Kalzium (Sesam, Spirulina) leichter in die Knochen einzulagern.

Gemüse-Weizengras-Drink

1 TL Spirulinapulver
1 dl/100 ml Weizengrassaft
½ l Breuss-Saft
(Reformhaus, Bioladen)
1 TL Schwarzkümmelpulver

Alle Zutaten mixen. Sofort servieren.

Abbildung, vorne

Die Immunstimulierungs-Bomben Spirulina und Weizengras werden hier mit dem Klassiker der alternativen Krebstherapie kombiniert: dem Breuss-Saft. Er besteht aus Roter Bete (Randen), Karotten, Rettich und Sellerie. Hinzugefügt wird etwas Schwarzkümmel, der eine ebenso immunogene Wirkung hat und vor allem Kommunikations-Proteine (z.B. Tumor-Nekrose-Faktor) des Körpers anregt, die für die Abwehr von Krebszellen wichtig sind.

Heidelbeerdrink mit Zimt

1 Tasse erntefrische Heidelbeeren
1 TL Zimtpulver
1 TL Spirulinapulver
2 TL Topinambursirup
3 dl/300 ml Quellwasser oder
3 dl/300 ml Heidelbeerblättertee

Alle Zutaten mixen. Sofort servieren.

Abbildung, vorne

Der blaue Farbstoff in den Heidelbeeren wirkt antiseptisch und hilft bei Durchfall. Die frischen Beeren enthalten viel Vitamin A, B_6 und C wie auch den Farbstoff Anthocyan.
Die Topinambur-Knolle ist reich an Inulin und Ballaststoffen, welche im Magen-/Darmtrakt aufquellen. Dadurch entsteht ein angenehmes Sättigungsgefühl. Zudem hat das Inulin hervorragende probiotische Eigenschaften und fördert, bzw. stärkt eine gesunde Darmflora. Der Topinambur ist kalorienarm, hat einen lang anhaltenden Sättigungseffekt und verhindert dadurch gefährliche Heißhungerattacken mit den typisch starken Insulinschwankungen.
Spirulina wirkt gegen die häufig latente Azidose der Diabetiker und stabilisiert den Insulinbedarf.

Apfelsaft-Grüntee-Drink

2 dl/200 ml trüber Apfelsaft
1 EL Zitronensaft
½ dl/50 ml frischgepresster Weizengrassaft
2 dl/200 ml kalter Grüntee
ein paar Tropfen frischgepresster Ingwer (Ingwer auf der Bircher-Rohkostreibe fein reiben und ausdrücken)
1 bis 2 frische Pfefferminzblätter
½ TL Spirulinapulver

Alle Zutaten mixen. Sofort servieren.

Variante

Eine Banane dazugeben und mit den anderen Zutaten mixen. Der Drink wird nahrhafter.

Geeignete Süßmittel

Melasse, Ahornsirup, Agavendicksaft, Fruchtkonzentrat oder Malz

Abbildung, hinten

Dieser Drink gleicht einer basischen Elektrolytlösung und bringt den Körper nach Stress, schlechtem Essen oder anderen Entgleisungen wieder ins Gleichgewicht. Er normalisiert die gesamte Verdauung und beruhigt den Magen.

Suppen, Salate, Vorspeisen

Gründonnerstag-Suppe

2 EL Olivenöl extra nativ
1 kleine Zwiebel
1–2 Knoblauchzehen
1 EL Vollkornmehl
1 l Gemüsebrühe
1 Hand voll Giersch
1 Hand voll Löwenzahnblätter
1 Hand voll Taubnessel
1 Hand voll Brennnessel
1 Hand voll Schafgarbe
1 Hand voll Sauerampfer
1 Hand voll Sauerklee
1 Hand voll Brunnenkresse
1 Hand voll Kerbel
1 Hand voll Gänseblumenblüten
2 TL Spirulinapulver
Meersalz
frisch gemahlener Pfeffer

1

Zwiebel und Knoblauchzehen fein hacken. Kräuter gründlich waschen, mit Ausnahme der Gänseblümchen klein hacken.

2

Zwiebeln und Knoblauch im Olivenöl andünsten, mit dem Mehl bestäuben, Gemüsebrühe und Kräuter (ohne Gänseblümchen) zugeben, 10 bis 15 Minuten köcheln.

3

Die Gründonnerstag-Suppe etwas abkühlen lassen, Spirulinapulver unterrühren, mit Salz und Pfeffer abschmecken, nach Belieben pürieren. Anrichten. Mit den Gänseblümchen garnieren.

Nach altem Brauch heißt es: Wer die Gründonnerstag-Suppe isst, wird das ganze Jahr über nicht krank.
Mit Spirulina angereichert ist diese Suppe wertvoll für eine ganzheitliche Gesundheit.

Karotten-Dörräpfel-Suppe

2 EL Olivenöl extra nativ
1 große Zwiebel
½ kg Karotten
1 l Quellwasser
1 Tasse Dörräpfel
Meersalz
1 EL Weizengraspulver

4–5 EL frisch geriebener Parmesan

1

Karotten waschen und in 1 cm dicke Scheiben schneiden. Zwiebel hacken.

2

Zwiebeln und Karotten im Öl andünsten, Wasser zugeben, aufkochen, Äpfel zugeben, leicht salzen, Suppe bei schwacher Hitze kochen, bis die Karotten weich sind.

3

Die Suppe pürieren, ein wenig abkühlen lassen, das Weizengraspulver untermixen. Anrichten. Mit Parmesan bestreuen.

Entnommen aus der italienischen Hausapotheke als historisches Mittel gegen Magen-Darm-Beschwerden, wurde das Rezept von uns mit Weizengraspulver ergänzt. Diese Suppe kräftigt den Verdauungstrakt und fördert die Entwicklung einer starken und gesunden Darmflora. Sie kann auch Entzündungen zurückdrängen.

Fenchel-Apfel-Chlorella-Suppe

2 EL Olivenöl extra nativ
1 kleine Zwiebel
2 Knoblauchzehen
3 Fenchel
2 säuerliche Äpfel
frisch gemahlener Pfeffer
Quellwasser
3 Thymianzweigchen oder
1 TL getrockneter Thymian
2 Zweigchen Ysop oder
1 TL getrockneter Ysop
2 TL Chlorellapulver
Meersalz
einige Pfefferminzblättchen, fein gehackt
Blütenblätter von Königskerze für die Garnitur, nach Belieben

1

Zwiebel und Knoblauchzehen hacken. Fenchel zerkleinern. Äpfel vierteln, entkernen, in Scheiben schneiden.

2

Zwiebeln und Knoblauch im Olivenöl andünsten, Fenchel und Äpfel zugeben, mit Pfeffer würzen, mit Wasser bedecken. Erhitzen. Thymian und Ysop zugeben, salzen. Die Suppe bei schwacher Hitze zugedeckt garen, bis der Fenchel weich ist.

3

Die leeren Kräuterzweige entfernen. Die Suppe pürieren, je nach Konsistenz noch etwas Wasser zugeben. Etwas abkühlen lassen. Chlorellapulver zugeben, nochmals mixen, mit Salz und Pfeffer abschmecken. Anrichten. Gehackte Pfefferminze darüber streuen.

Diese Suppe stärkt die Funktionen der Lunge und wirkt auf ein verschleimtes Lungengewebe leicht desinfizierend und auch reinigend. Thymian wirkt pilz-, bakterien- und virushemmend. Der Ysop wird traditionell zur Behandlung von Atemwegserkrankungen eingesetzt. Die keimwidrigen Knoblauchwirkstoffe werden, blitzschnell nach dem Verzehr, über die Lunge ausgeschieden, wo sie eine lösende und desinfizierende Wirkung ausüben. Fenchel wirkt schleimlösend und allgemein günstig bei Husten und Bronchitis.

Zitronengrassuppe mit Tofu

2 EL Olivenöl extra nativ
3 Schalotten
1 daumengroßes Stück Ingwer
3 Stängel frisches Zitronengras
7 dl/700 ml Gemüsefond
4 dl/400 ml ungesüßte Kokosnussmilch
½ TL Galgantpulver
1 kleine rote Chilischote
Meersalz
frisch gemahlener Pfeffer
2 TL Weizengraspulver
Grün einer Frühlingszwiebel, in Röllchen
einige Korianderblätter

1 EL Olivenöl extra nativ
100 g Tofu

1

Schalotten hacken. Ingwer schälen und grob hacken. Zitronengras möglichst fein schneiden. Ingwer und Zitronengras in einem Mörser zerstoßen. Die Chilischote in Ringe schneiden.

2

Schalotten, Ingwer und Zitronengras im heißen Olivenöl kurz dünsten, Gemüsefond, Kokosnussmilch, Galgantpulver und Chili zugeben, aufkochen, 20 bis 30 Minuten bei mittlerer Hitze köcheln. Ab und zu probieren, wenn die Suppe zu scharf wird, Chili entfernen.

3

Tofu in kleine Würfel schneiden und im Olivenöl kurz braten.

4

Zitronengrassuppe durch ein Sieb passieren, mit Salz und Pfeffer abschmecken. Das Weizengraspulver unterrühren, mit dem Mixer schaumig schlagen.

5

Gebratenen Tofu auf die Teller verteilen, Zitronengrassuppe dazugießen, mit Zwiebelgrün und Koriander garnieren.

Zitronengras hat eine balsamische Wirkung auf den Magen und wirkt wie Kokosmilch gegen Darmparasiten. Die in Thailand fast täglich gegessene Tom-Yam-Suppe besteht aus einer Grundmischung von Kokos, Zitronengras und scharfen Gewürzen. Der Suppe wird nachgesagt, wirksamer in der Vorbeugung gegen Krebserkrankungen zu sein als andere natürliche Nahrungsmittel oder -ergänzungen. Die Krebsrate in Asien, besonders in Südostasien, ist, verglichen mit anderen, westlichen Staaten, relativ niedrig.

Kräuter-Tabbouleh

2 Tassen Bulgur
3 Tassen Wasser
½ Zitrone
1 Prise Meersalz

1 Sträußchen Petersilie
1 Bund Schnittlauch
1 Bund Basilikum
1 Hand voll Pfefferminzblätter
2 Fleischtomaten
4 Frühlingszwiebeln
2 EL Olivenöl extra nativ
1 EL kaltgepresstes Leinöl
½ Zitrone, Saft
2–4 Knoblauchzehen, durchgepresst
½ TL Galgantpulver
1 TL Spirulinapulver
Meersalz
frisch gemahlener Pfeffer

1

Bulgur, Wasser, Zitronenhälfte und Prise Salz aufkochen, das Getreide auf der ausgeschalteten Wärmequelle zugedeckt 15 bis 20 Minuten quellen lassen. Zitrone entfernen.

2

Petersilie hacken. Schnittlauch in feine Röllchen, Basilikum- und Pfefferminzblätter in feine Streifen schneiden. Stielansatz der Tomaten kreisförmig herausschneiden, Gemüsefrüchte in kleine Würfel, Frühlingszwiebeln in feine Scheiben schneiden.

3

Alle Zutaten mischen, mit Salz und Pfeffer abschmecken.

Die Wirkung von Knoblauch ist unumstritten. Der Inhaltsstoff Allicin hemmt die Bildung von gefäßverschließenden Kalk- und Fettablagerungen, dehnt die Gefäße aus und verleiht ihnen Spannkraft. Außerdem wirkt Knoblauch vor allem aufgrund des enthaltenen Kaliums und Magnesiums blutdrucksenkend.
Zwiebeln, Knoblauch und Leinöl regulieren das Cholesterin und wirken allgemein positiv auf die Gefäßgesundheit.
Zwiebeln haben die gleiche Wirkung wie Aspirin und verdünnen das Blut.

Sellerie-Gurken-Apfel-Salat

1 mittelgroßer Knollensellerie
1 Salatgurke
2 mittelgroße Äpfel
1–2 Bund Radieschen
1 EL Zitronensaft
2 EL Sonnenblumenkerne
gehackte Pfefferminze

Rosinen-Chlorella-Vinaigrette
3 EL Reis- oder Apfelessig
3 EL Olivenöl extra nativ
3 EL kaltgepresstes Leinöl
½ TL Kräutersalz
2 TL fein geschnittenes Basilikum
1 TL Chlorellapulver
1–2 EL Rosinen und
wenig Einweichwasser

1

Rosinen waschen, am besten über Nacht oder mindestens 1 bis 2 Stunden in Wasser einweichen.

2

Vinaigrette zubereiten, Rosinen zufügen, 30 Minuten ziehen lassen.

3

Sellerie schälen und grob raspeln, sofort mit dem Zitronensaft mischen, damit der Sellerie sich nicht braun verfärbt. Äpfel ungeschält vierteln und entkernen, in feine Scheiben schneiden. Gurke und Radieschen ebenfalls in feine Scheiben schneiden.

4

Sonnenblumenkerne in einer Pfanne ohne Fett leicht rösten.

5

Alle Zutaten mit der Sauce vermengen, anrichten. 15 Minuten ziehen lassen. Mit Pfefferminzblättchen garnieren.

Tipp

Restliches Einweichwasser der Rosinen trinken.

Sellerie neutralisiert überschüssige Magensäure, da er sehr alkalisch ist. Sein Kalziumgehalt trägt dazu bei, Knochen und Zähne zu stärken. Er wirkt beruhigend und hilft bei geistiger Überanstrengung und Niedergeschlagenheit. Bekannt ist er ebenfalls als Aphrodisiakum. Knollensellerie verbessert die Verdauung und steigert den Appetit, regt die Nierentätigkeit an, wirkt gegen Verstopfung und hilft bei Gicht und Rheuma.
Die Gurke wirkt wasserausleitend und hilft Nieren- und Herzkranken. Sie wirkt entschlackend und ist förderlich für Darm, Nieren, Lungen und die Haut. Auch für Diabetiker ist sie hilfreich, denn sie senkt den Blutzuckerspiegel. Kombiniert mit Äpfeln und Rosinen ist dieser Salat nicht nur schmackhaft, sondern auch eine kraftvolle Unterstützung für eine gute Verdauung.

Vorsicht:
Beifussallergiker können eine Kreuzreaktion auf Sellerie produzieren.

Randencarpaccio mit Feigen

Carpaccio

3 mittelgroße rohe Randen/ rote Beten
4 erntefrische Feigen
1 kleine Zwiebel
4 Zweige glattblättrige Petersilie

Petersilienöl

6–8 Zweige glattblättrige Petersilie
4 EL Olivenöl extra nativ
½ TL Chlorellapulver
1 Prise Meersalz
½ TL zerdrückte Kümmelsamen

1

Randen schälen und in hauchdünne Scheiben schneiden oder hobeln. Zwiebel in feine Ringe schneiden. Feigen in Scheiben oder Schnitze schneiden. Petersilie von den Stielen zupfen und grob hacken.

2

Für das Öl die Petersilie von den Stielen zupfen, mit Olivenöl und Chlorella pürieren, mit Salz und Kümmel würzen.

3

Randenscheiben auf großen Tellern anrichten, Feigen darauf legen, Zwiebelringe und Petersilie darüber streuen. Mit dem Petersilienöl beträufeln.

Variante

Anstelle frischer Feigen getrocknete Früchte verwenden. Über Nacht einweichen und wie frische Feigen verwenden.

Tipp

Ein wenig Einweichwasser der Feigen zum Petersilienpesto geben, den Rest trinken.

Petersilie und Chlorella geben dem Körper einen tüchtigen Kick für die Blutbildung. Nötige Bausteine dazu sind ebenfalls Folsäure und Vitamin C, die auch in der Petersilie und in der Rande reichlich vorhanden sind. Das Vitamin B12 und zweiwertiges Eisen sind in Chlorella enthalten. Diese leckere Komposition vereint alle Bauelemente, um gesundes, neues Blut zu bilden.

Brüsseler Endivie mit Löwenzahn und Grapefruit

4 Brüsseler Endivien
1 kleiner Rettich
2 Hand voll Löwenzahnblätter
1 Grapefruit

Petersilienöl
10 EL Olivenöl extra nativ
1 Zitrone, Saft
½ TL Spirulinapulver
1 Prise Kurkuma
1 EL Magerquark
½ TL Meersalz
1 TL Apfel- oder Birnendicksaft
1 EL weiße Sesamsamen

1
Die Sesamsamen ohne Fett leicht rösten (bei Leberproblemen nicht rösten), beiseite stellen.

2
Die Zutaten für das Dressing verrühren, Sesamsamen unterrühren.

3
Zwei Brüsseler Endivien in die einzelnen Blätter zerlegen. Die restlichen zwei in mundgerechte Stücke zerlegen/schneiden. Rettich längs vierteln, die Viertel quer in feine Scheiben schneiden. Grapefruit grosszügig schälen, Fruchtfilets aus den Trennhäutchen schneiden, entkernen, Filets nach Belieben quer halbieren.

4
Ganze Brüsseler-Endivien-Blätter kreisförmig auf Teller legen. Restliche Brüsseler Endivie, Rettich und Grapefruit darauf anrichten, mit dem Dressing beträufeln.

Hier ist vieles vereint, was einer schwachen oder kranken Leber wieder auf die Beine hilft.

Hauptgerichte

Italienischer Brennnessel-Risotto

2 Tassen Rundkorn-Vollreis
2 Tassen Quellwasser
2 EL Olivenöl extra nativ oder
20 g Butter
1 kleine Zwiebel
1–2 dl/100–200 ml Weißwein
1,2 l schwache heiße Gemüsebrühe
2 Hand voll junge
Brennnesselblätter
1 Stück Butter
2 TL Chlorellapulver
3 EL geriebener Parmesan oder
Pecorino
4 EL gehackte Petersilie
Meersalz
frisch gemahlener Pfeffer

1

Reis in einem feinmaschigen Sieb unter fließendem Wasser gut waschen, dann 2 bis 4 Stunden im Quellwasser einweichen.

2

Reis und Einweichwasser aufkochen, auf kleine Stufe zurückschalten, eine Prise Salz zugeben, offen 5 bis 10 Minuten köcheln lassen, dann auf kleinster Stufe zugedeckt köcheln, bis der Reis alles Wasser aufgenommen hat. Der Reis sollte körnig bleiben.

3

Zwiebel fein hacken und im heißen Olivenöl andünsten. Vorgekochten Reis zugeben und unter Rühren mitdünsten, mit dem Weißwein ablöschen, köcheln lassen, bis der Wein eingekocht ist. So viel heiße Gemüsebrühe zugeben, dass der Reis sehr feucht ist, einköcheln lassen, wieder Gemüsebrühe zugeben. Häufig rühren. Der fertige Reis muss sämig sein. Etwa 10 Minuten vor Ende der Garzeit die Brennnesselblätter unterrühren.

4

Butter, Chlorella, Käse und Petersilie unter den Reis rühren, mit Salz und Pfeffer abschmecken.

Vollreis/Naturreis

Die Kochzeit ist länger als die von geschältem Reis (etwa 1 Stunde) und benötigt trotz dem Vorgaren mehr Flüssigkeit.

Die den Stoffwechsel fördernde Brennnessel hat – wie Chlorella – einen sehr hohen Eisengehalt. Die Petersilie ist reich an Vitamin C und fördert damit die Aufnahme von Eisen. Zudem enthält Chlorella das Vitamin B_{12}, während die Petersilie über die wichtige Folsäure verfügt.

Eisen, Vitamin B_{12} sowie Folsäure sind wichtige Bausteine für die Bildung von gesundem Blut. Oft werden bei «Anämie» diese Stoffe in synthetischer Form verordnet.

Im Brennnessel-Risotto sind sie in natürlicher Form und in idealer Kombination vorhanden.

Gnocchi verde

700 g mehlig kochende Kartoffeln gleicher Größe
150–200 g Dinkelweißmehl, je nach Kartoffeln
1 Tasse fein gehackter Rucola oder andere Kräuter
½ TL Meersalz
1–2 TL Spirulinapulver

1

Kartoffeln in der Schale im Dampf weich kochen. Noch heiß schälen und durch das Passevite/die Flotte Lotte drehen. Abkühlen lassen.

2

Etwa 50 g Mehl, Rucola, Salz sowie Spirulinapulver zu den Kartoffeln geben, zu einem glatten Teig kneten. Nach und nach so viel Mehl zugeben, bis die Masse glatt und weich, aber immer noch ein bisschen klebrig ist. Manche Kartoffelsorten brauchen weniger Mehl, deshalb nicht gleich alles Mehl zugeben.

3

Den Kartoffelteig portionieren, 2 bis 3 cm dicke Rollen formen und diese in 2 cm lange Stücke schneiden. Mit einer Gabel zeichnen, d. h. die Teigstücke mit dem Zeigefinger auf die Innenrundung der Gabel, nahe den Zinkenspitzen drücken. Mit sanftem Druck das Teigstück in Richtung Gabelgriff schnippen und fallen lassen. Es entstehen feine Rillen und vom Zeigefinger eine kleine Mulde. Die Italiener machen das, damit die Gnocchi mehr Sauce aufnehmen können.

4

Eine Schüssel im Ofen bei 100 °C warm stellen.

5

Als Test 3 bis 4 Gnocchi in siedendes Salzwasser geben und warten, bis sie an die Oberfläche steigen, 10 Sekunden ziehen lassen, dann mit einem Schaumlöffel herausnehmen und probieren. Wenn sie auseinander fallen, etwas weniger lang kochen, wenn sie zu mehlig schmecken, etwas länger simmern lassen. Die Gnocchi gemäß Probekochen portionenweise kochen, in die vorgewärmte Schüssel geben.

Tipp

Mit einer Sauce nach Wahl servieren.

Gemüsepfanne mit Dinkel

2 EL Sesamöl
1 kleine Zwiebel
1 daumengroßes Stück Ingwer
2 Karotten
1 mittelgroße Lauchstange
2 Tassen grüne Bohnen
1 roter oder gelber Peperoni/ Paprikaschote
3–4 EL Sojasauce
Quellwasser
½ Tasse Cashewkerne
1 EL weiße Sesamsamen
2 TL Tamarindenpüree
1 EL Agavendicksaft
1 Prise Galgantpulver
3 Tassen gekochte Dinkelkörner
1 Prise frisch gemahlener Pfeffer
½ Bund Petersilie
2–3 TL Chlorellapulver
1–2 Zweige Korianderkraut

1 Hand voll Alfalfasprossen für die Garnitur
Borretschblüten für die Garnitur, nach Belieben

1

Zwiebel halbieren, die Hälften in feine Halbmonde schneiden. Ingwer schälen und klein würfeln. Karotten in Stäbchen schneiden. Beim Lauch die zähen Hüllblätter entfernen, Stange in Streifen schneiden. Stielansatz bei den Bohnen wegschneiden, quer halbieren. Peperoni halbieren, Stielansatz und Kerne entfernen, quer in Streifen schneiden.

2

Sesamöl in einem Wok oder in einer großen Pfanne erhitzen, Zwiebeln und Ingwer unter Rühren anbraten. Gemüse zugeben und kurz mitdünsten. Sojasauce und etwas Wasser zugeben, bei schwacher Hitze zugedeckt etwa 10 Minuten garen.

3

Cashewkerne und Sesamsamen in einer Bratpfanne ohne Fett rösten.

4

Tamarindenpüree, Agavendicksaft und Galgantpulver mit wenig Wasser glatt rühren. Petersilie fein hacken.

5

Dinkelkörner und Tamarindenpüree zum Gemüse geben, vermengen, eventuell mit Pfeffer und Sojasauce abschmecken, 5 Minuten köcheln lassen. Cashewkerne, Sesamsamen, Petersilie und Chlorellapulver unterrühren. Mit Koriander garnieren.

Dinkel macht glücklich! Er vereinigt alle Vorteile einer vollwertigen Ernährung: Das Korn enthält Vitamine, Mineralstoffe und Spurenelemente, Eiweiße, Kohlenhydrate, Fette und gespeicherte Sonnenenergie in hoher Konzentration.

Dank der guten Wasserlöslichkeit werden die Inhaltsstoffe schon während der Verdauung in das Körpersystem geleitet. Dinkel sättigt rasch und gut, was ihm wohl den Ruf eines «Glücklichmachers» eingebracht hat.

Dinkelgerichte sind als Basis-Diät bei allen Zivilisationskrankheiten zu empfehlen.

Kartoffelpüree mit Pilz-Tofu-Ragout

Kartoffelpüree
1 kg gleich große
mehlig kochende Kartoffeln
2 EL Ghee oder Butter oder
Olivenöl extra nativ
1½ dl/150 ml Milch
(Kuh-, Ziegen-, Schaf- oder Sojamilch)
1 dl/100 ml Weizengrassaft
½ Bund Petersilie
Meersalz
frisch geriebene Muskatnuss

Pilz-Tofu-Ragout
1–2 EL Olivenöl extra nativ
2 Frühlingszwiebeln
½ TL Kurkuma
300 g Shiitake
200 g Tofu
2–3 EL Sojasauce
1 unbehandelte Zitrone,
½–1 TL abgeriebene Schale
1 Zweig Liebstöckel oder Estragon
Meersalz
frisch gemahlener Pfeffer
½ TL Chlorellapulver

1

Kartoffeln in der Schale im Dampf weich kochen, noch heiß schälen und etwas ausdampfen lassen. Petersilie fein hacken. Butter und Milch erhitzen, Kartoffeln durch Passevite/Flotte Lotte direkt in die Pfanne drehen, mit dem Schneebesen unter die Milch schlagen, Weizengrassaft und Petersilie unterrühren, mit Salz und Muskatnuss abschmecken.

2

Tofu in 2 cm große Würfel schneiden, mit Sojasauce und Zitronenschalen marinieren. Die Pilze mit einem feuchten Tuch abreiben, in Scheiben schneiden, halbieren oder vierteln. Zwiebeln in Ringe, Grün in Röllchen schneiden. Liebstöckel grob hacken.

3

Olivenöl in einer nicht klebenden Bratpfanne erhitzen, Zwiebelringe und Kurkuma zugeben und andünsten, Pilze und Tofu zugeben, 5 Minuten rührbraten. Tofumarinade, Liebstöckel und Zwiebelgrün unterrühren, mit Salz und Pfeffer abschmecken. Chlorellapulver unterrühren.

4

Kartoffelpüree und Pilz-Tofu-Ragout anrichten.

Kartoffeln sind gute Basenspender und Energiebündel dank ihrer Kombination von hochwertigem Eiweiß, Vitaminen und Mineralstoffen. Dieses Gericht ist mit dem frischen Weizengrassaft und der Petersilie in der Lage, einem übersäuerten Körper einen tüchtigen Basenschub zu geben. Haut und Haare, Knochen und Zähne sowie der ganze Stoffwechsel profitieren davon.
Shiitake zählen zu den wirksamsten Heilpilzen. In der fernöstlichen Ernährungsmedizin wird der Pilz bei Entzündungen, Tumoren, Magenleiden, Kopfschmerzen, Schwindelgefühl, Leberzirrhose und Arteriosklerose empfohlen. Häufigere Mahlzeiten mit Shiitakepilzen sollen diese Beschwerden lindern.

Tortillas mit Koriander-Salsa

Tortillas
für 7 große oder 14 kleine Tortillas
100 g Maismehl
100 g Dinkel- oder Weizenweißmehl
1 Msp Meersalz
1 TL Weizengraspulver
1 TL Olivenöl extra nativ
2 dl/200 ml Wasser

Koriander-Chlorella-Salsa
1 großer Bund Koriander
1 großer, milder grüner Peperoncino
1 kleine Zwiebel
1 rote Tomate oder
1–2 Tomatillo
(mexikanische grüne Tomaten)
½ Zitrone, Saft
3–4 EL Olivenöl extra nativ
1 TL Chlorellapulver
Meersalz

1

Mais- und Dinkelmehl, Salz und Weizengraspulver in einer Schüssel mischen, Öl und Wasser nach und nach unterrühren, zu einem weichen, elastischen Teig kneten. Eine Kugel formen, in Klarsichtfolie einwickeln, bei Zimmertemperatur etwa 1 Stunde ruhen lassen.

2

Koriander, Peperoncino, Zwiebel und Tomate fein hacken, mit Zitronensaft, Olivenöl und Chlorellapulver mischen, mit Salz abschmecken.

3

Den Teig in 7 oder 14 Portionen teilen, Kugeln formen. Auf leicht bemehlter Arbeitsfläche 2 mm dick und rund ausrollen.

4

Eine Bratpfanne aufheizen. Teigrondellen ohne Fettzugabe bei mittlerer Hitze beidseitig hellbraun rösten, bis sich an der Oberfläche kleine Blasen bilden. Die Tortillas sofort zwischen ein gefaltetes Tuch oder eine Serviette legen und bis zum Servieren warm halten.

«Indian Corn», wie der Mais auch genannt wird, war für die Azteken, Mayas und Inkas Hauptnahrungsmittel und Medizin in einem. Die Indianer sind bis heute überzeugt, dass der Mais Nieren und Blase reinigt und stärkt. Mais enthält als einziges Getreide größere Mengen Karotin in Form von Zeaxanthin. Für alle Glutenallergiker ist Mais auch eine Alternative zu Weizen.
Koriander entfaltet eine günstige Wirkung bei Nieren- und Blasenentzündungen. Koriander und Chlorella sind bekannte Schwermetallentgifter. Die eiweißhaltige Mikroalge ergänzt die Maismahlzeit zu einer vollständigen, leicht verdaulichen und harmonischen Eiweißquelle.

Pikante Tofugrünlinge mit Nüssen

600 g weicher Tofu
1 große Zwiebel
2–3 EL grob gehackte Baumnüsse/Walnüsse
1 EL gehackter Koriander
2 TL fein gehackter Peperoncino
3 EL Sojasauce
1 TL Spirulinapulver
1½ TL Pfeilwurzelmehl
Meersalz
frisch gemahlener Pfeffer

Olivenöl extra nativ zum Braten

1

Tofu klein schneiden und von Hand zerkrümeln. Zwiebel fein hacken.

2

Sämtliche Zutaten gut vermengen und kneten, bis die Masse geschmeidig und kompakt ist.

3

Aus der Tofumasse Bratlinge formen und diese gut pressen. Die Tofugrünlinge in einer nicht klebenden Bratpfanne im Öl beidseitig je 5 bis 7 Minuten braten.

Das Lecithin im Tofu aktiviert und steigert die Gedächtnisleistung. Baumnüsse sind bekannte Nervennahrung und spenden leicht aufnehmbares Melatonin, welches auch unter Stressbedingungen für guten Schlaf und Entspannung sorgt. So eignet sich diese Kombination als gehirnaktivierende Mahlzeit für Klarsicht und Coolness (zum Beispiel bei Prüfungsstress etc.).

Weizengras-Linsen-Curry mit Kokosnuss

2 EL Ghee oder Olivenöl extra nativ
1 TL Kreuzkümmelsamen
2–3 EL Rosinen
2 TL mildes oder scharfes gelbes Currypulver
½ TL Kurkumapulver
1 große Zwiebel
2 Karotten
1 TL frisch gehackter Ingwer
2 Tassen grüne Linsen
4–5 ganze Kardamomkapseln
4 EL Kokosnussraspel
Quellwasser
1 TL Zitronensaft
Meersalz oder Gemüsebrühe
1 EL Weizengraspulver

1

Die grünen Linsen in reichlich Wasser über Nacht quellen lassen, Einweichwasser weggießen.

2

Zwiebel grob hacken, Karotten klein würfeln.

3

Ghee erhitzen, Kreuzkümmelsamen und Rosinen zugeben und kurz rösten, Curry, Kurkuma und Zwiebeln unterrühren und andünsten, Karotten unterrühren und kurz weiterdünsten, Ingwer, Linsen, Kardamomkapseln, Kokosnussraspel und so viel Wasser zugeben, dass alles gut bedeckt ist, erhitzen, auf kleinster Stufe köcheln lassen, bis die Linsen weich sind (probieren). Mit Zitronensaft und Salz oder Gemüsebrühepulver abschmecken, Weizengras unterrühren.

Das Linsengericht ist in Kombination mit den Kokosnussraspeln ein guter Lieferant der Spurenelemente Zink und Selen, welche eine günstige Wirkung auf das Immunsystem haben und in jüngerer Zeit als wichtige Aktivatoren des Enzymsystems erkannt wurden. Linsen sind gute Kalziumspender und enthalten ferner Kalium, Phosphor, Eisen, Kupfer, Mangan und Jod. In Verbindung mit Getreide, z. B. Reis, erhöht sich die Eiweißverwertbarkeit.
Das Vitamin C im Zitronensaft bewirkt, dass das reichlich vorhandene Eisen optimal verwertet wird.
Die wertvollen Ballaststoffe in Linsen und Weizengras leisten einen beachtlichen Beitrag zu einer guten Darmtätigkeit.

Dips, Saucen, Aufstriche

Grüner Hummus

2 Tassen Kichererbsen
Quellwasser
1 Lorbeerblatt
1 kleine Zwiebel
½ Zitrone
2–3 Knoblauchzehen, durchgepresst
½ Zitrone, Saft
2 EL Tahin (Sesammus)
1 EL gehackte Zitronenmelisse
½ Bund glattblättrige Petersilie, gehackt
3–4 EL Olivenöl extra nativ
½ TL Kreuzkümmelpulver
1 TL Spirulinapulver
Meersalz
frisch gemahlener Pfeffer

1

Kichererbsen über Nacht in reichlich Wasser einweichen, Einweichwasser weggießen, Erbsen in einem großen Kochtopf mit reichlich Wasser, Lorbeer, ganzer Zwiebel und Zitronenhälfte aufkochen, Hülsenfrüchte bei schwacher Hitze zugedeckt weich kochen, Schaum häufig abschöpfen.

2

Lorbeerblatt, Zwiebel und Zitrone entfernen, ein wenig Kochwasser für das Püree entnehmen. Kichererbsen abgießen, mit ein wenig Kochflüssigkeit pürieren.

3

Restliche Zutaten unter das Püree rühren, mit Salz und Pfeffer abschmecken.

Der hohe Gehalt an Kalium und Magnesium in den Kichererbsen stärkt den Herzmuskel. Die Zitronenmelisse belebt das Herz. Zwiebeln und Knoblauch sind Gefäßfeger: Sie verdünnen das Blut und wirken Gerinnselbildungen entgegen.

Brunnenkresse-Quark

200 g Magerquark
2 EL kaltgepresstes Leinsamenöl
2–3 EL Weizengrassaft
1 EL Grapefruit- oder Zitronensaft
Quellwasser
1 Tasse gehackte Brunnenkresse
Meersalz

Quark, Öl, Weizengrassaft und Zitronensaft glatt rühren, Kresse unterrühren, mit Salz abschmecken. Falls die Creme zu dick ist, mit wenig Wasser oder Weizengrassaft verdünnen.

Eine gesunde Leber ist wichtig für eine gute Figur. Magerquark gehört traditionell zu jeder Leberdiät. Nach dem Rezept von Johanna Budwig ergibt die Kombination von Magerquark, Leinöl und Zitrusfrüchten ein Medium, das hochwertiges Eiweiß und Fett zu einem Baustein verbindet, der dem Körper in leicht verdaulicher und kohlenhydratarmer Form genau das Material gibt, woraus er gesundes Gewebe bilden und regenerieren kann. Diese Mischung bringt Fettdepots zum Schmelzen, gleichzeitig kann sich die Leber erholen. Das Weizengras und die Brunnenkresse unterstützen sie in der Entgiftung des Körpers. Ein entschlackter Körper ist schlank und formschön! Diese Creme befriedigt ein tiefes, elementares Nahrungsbedürfnis des Organismus und kann auch in der biologischen Krebsabwehr Erstaunliches leisten.

Ziegenfrischkäse mit Kapuzinerkresse

300 g Ziegenfrischkäse
ein paar Tropfen Olivenöl extra nativ
Quellwasser
1 TL Chlorellapulver
3 EL gehackte Blüten und Blätter
von Kapuzinerkresse
1 TL frisch geriebener Meerrettich
1 Prise Ingwerpulver
Meersalz
frisch gemahlener Pfeffer

8 Scheiben getoastetes Vollkornbrot
Kapuzinerkresseblüten

1

Ziegenfrischkäse und Olivenöl geschmeidig rühren. Wenn die Masse zu trocken ist, ein paar Tropfen Wasser unterrühren. Chlorella, Kapuzinerkresse und Meerrettich unterrühren, mit Ingwer, Salz und Pfeffer abschmecken.

2

Ziegenfrischkäse auf die Brotscheiben verteilen, nach Belieben mit Blüten garnieren.

Kapuzinerkresse und Meerrettich sind scharfe Geschütze gegen Keime. Beide sind reich an Senfölen, die eine potente antibakterielle Wirkung haben. Kombiniert mit dem ebenso keimwidrigen Chlorophyll in Chlorella und Pfeffer hat man mit dieser Mischung eine wirklich starke und natürliche Hilfe bei bakteriellen Entzündungen und kann, wenn regelmäßig davon gegessen wird, möglicherweise den Einsatz von Antibiotika vermeiden.
Der stark niacinhaltige Ziegenkäse und der Ingwer haben eine sehr positive Wirkung auf die Durchblutung und normalisieren den Blutdruck.

Schnelle grüne Pastasauce

1 EL Olivenöl extra nativ
1 Knoblauchzehe, fein gehackt
3 Zucchini
2 TL gehackter Oregano
1 Prise Currypulver
Meersalz
frisch gemahlener Pfeffer
1 TL Spirulinapulver

1

Zwei der Zucchini auf der Bircher-Rohkostreibe reiben, restlichen Zucchino auf der Röstiraffel reiben.

2

Knoblauch im Olivenöl kurz andünsten, vorbereitete Zucchini zufügen, bei schwacher Hitze zugedeckt 10 bis 15 Minuten dünsten. Oregano und Curry unterrühren, mit Salz und Pfeffer abschmecken, auf der ausgeschalteten Wärmequelle zugedeckt 5 Minuten ziehen lassen. Spirulina unterrühren.

Zucchini stärken das Immunsystem und enthalten, ebenso wie Knoblauch, Selen. In Kombination mit Spirulina und den leicht entzündungshemmenden Eigenschaften von Curry sind sie eine Möglichkeit, Erkältungs- und Infektgefahren schnell vorzubeugen.

Guacamole spezial

2 große, reife Avocados
3 EL Zitronensaft
1–2 Knoblauchzehen, fein gehackt
5–6 in Öl eingelegte getrocknete Tomaten, fein gehackt
1 Apfel, klein gewürfelt
1 EL gehackte Petersilie
1–2 EL gehacktes Basilikum (Salzersatz)
1 Prise Cayennepfeffer
1 Prise Galgantpulver
1 TL Spirulinapulver
2 EL weiße Leinsamen, zerstoßen

1

Die Avocados halbieren, Stein entfernen, Fruchtfleisch aus der Schale lösen.

2

Das Avocadofleisch mit dem Zitronensaft mit einer Gabel fein zerdrücken. Übrige Zutaten unterrühren.

Avocados haben ein für das Herz günstiges Kalium-Natrium-Verhältnis und einen hohen Gehalt an Nicotinamid (Vitamin B3), ein Stoff, der zur Elastizität der Gefäße beiträgt und gleichzeitig vor Arteriosklerose schützt. Außerdem enthält diese Frucht erhebliche Mengen an Vitamin E, mehrfach ungesättigten Fettsäuren und Lecithin. Vitamin E, auch in Leinsamen und Spirulina enthalten, reduziert das Herzinfarktrisiko, schützt vor freien Radikalen und beugt einer Verengung der Herzkranzgefäße vor. Das Lykopen in der Tomate fängt ebenso freie Radikale ab und ist darin sogar potenter als Vitamin C oder E. Cayenne und Galgant sind zwei bekannte Gewürze und werden in der Volksmedizin traditionell auch erfolgreich zur Unterstützung der Herz-Kreislauf-Funktion verwendet.
All diese Stoffe, kombiniert mit Spirulina und Knoblauch, sorgen für eine optimale Gefäßgesundheit.

Grüne Sonnenblumenbutter

1 Tasse Sonnenblumenkerne
1 EL weiße Sesamsamen
1 EL Olivenöl extra nativ
1 Prise Currypulver
1/2 TL Spirulinapulver
Kräuter, nach Belieben
durchgepresste Knoblauchzehen, nach Belieben
Meersalz oder Kräutermeersalz

1

Sonnenblumenkerne und Sesamsamen über Nacht im Wasser einweichen. In ein feines Sieb abgießen und mit frischem Wasser überbrausen.

2

Kerne und Samen mit dem Olivenöl zu einer geschmeidigen Paste mixen, eventuell mit Wasser verdünnen. Curry und Spirulinapulver unterrühren, aromatisieren mit Kräutern und Knoblauch, mit Salz abschmecken.

Tipp

Schmeckt wunderbar auf Vollkornbrot, Knäckebrot und Reiswaffeln; mit geriebenem oder fein geschnittenem rohem Gemüse (Karotten, Knollensellerie, Kohlrabi, Kürbis usw.) und Kräutern belegen.

Ein Leckerbissen, den man nicht bereuen muss, da man davon nicht dick wird und sich der Körper über die absolut frischen Fettsäuren aus den Samen freut.
Currypulver kickt die Fettverdauung an und reinigt zusammen mit Knoblauch und Kräutern wie Salbei, Melisse, Thymian, Oregano und Estragon das Verdauungssystem.

Kräuter-Leinsamenöl-Margarine

Kokosnussfett im warmen Wasserbad erwärmen – nicht über 40 °C –, bis es flüssig ist. Aus dem Wasserbad nehmen. Leinsamenöl, Chlorellapulver und Kräuter unterrühren. In ein gut verschließbares Gefäß gießen, fest werden lassen.

Tipp

Hält sich im Kühlschrank etwa 2 Wochen.

½ Tasse Kokosnussfett
½ Tasse kaltgepresstes Leinsamenöl
1 TL Chlorellapulver
3 EL gehackte Kräuter, nach Belieben

Eine Alternative zu Kräuterbutter, allerdings mit den Eigenschaften, das Cholesterin zu regulieren und Herz und Kreislauf zu entlasten. Die Omega- 3-Fettsäuren des Leinöls tragen zum Schutz des Gehirns bei und stärken das Gedächtnis. Kokosnussfett ist eine Selenquelle. Der Körper braucht Selen für die Herstellung von Glutathion (starkes Antioxidans) und für das Gleichgewicht der Schilddrüsenhormone. Selen wird ebenfalls vom Immunsystem benötigt und unterstützt die Entgiftung von Schwermetallen und die Produktion gesunder, männlicher Samenzellen. Die Selenzufuhr ist allgemein ungenügend, weshalb es sinnvoll wäre, selenhaltige Speisen zu essen.

Diese Margarine erfreut nicht nur den Gaumen, sie kann frisch auch auf verletzte und irritierte Haut aufgetragen werden.

Meerrettich-Dip

100 g Magerquark
2 TL Zitronensaft
2 EL frisch geriebener Meerrettich
1 TL Weizengraspulver
1 EL kaltgepresstes Leinsamenöl
1 säuerlicher Apfel
Meersalz

Quark und Zitronensaft glatt rühren, Meerrettich, Weizengraspulver und Leinsamenöl unterrühren. Den Apfel auf der Bircher-Rohkostreibe dazu reiben und unterrühren, mit Salz abschmecken.

Magerquark enthält viel Cystein, eine schwefelhaltige Aminosäure, die vom Körper auch zur Synthese von Glutathion verwendet wird. Glutathion ist an der Zellteilung beteiligt, hilft bei der Reparatur schadhafter DNS, macht Zellgifte und kanzerogene Stoffe unschädlich, stimuliert das Immunsystem und gilt als starkes Antioxidans. Gluthation wird von Medizinern bei der biologischen Schwermetallentgiftung verwendet. Cystein kann auch zur Vorbeugung gegen altersbedingte Augenschäden eingesetzt werden.
Leinöl zählt zu den effizientesten Omega-3-Fettsäure-Quellen, die wichtige Funktionen im Stoffwechsel übernehmen und insbesondere den Fettstoffwechsel regulieren.
Der Dip kann bei zu schwerem Essen und Gebratenem als Ausgleich gereicht werden; er kurbelt die Fettverdauung und die Leberleistung an. Er empfiehlt sich auch bei Erkältungsgefahr oder Rekonvaleszenz, bei Darmreinigungskuren oder Appetitlosigkeit.

Tofu-Chlorella-Aufstrich

200 g Tofu
2 TL Zitronensaft
1 Prise Meersalz oder Kräutermeersalz
Quellwasser
1 TL Olivenöl extra nativ
½ TL Chlorellapulver
5 EL gehackte Kräuter
frisch gemahlener Pfeffer

Tofu, Zitronensaft, Salz und ein wenig Wasser cremig mixen. Öl, Chlorella und Kräuter unterrühren, mit Salz und Pfeffer abschmecken.

Tofu ist ein vitamin- und mineralstoffreiches, leicht verdauliches, rein vegetarisches Eiweißprodukt. Die Kombination von Tofu mit eiweißreichen Mikroalgen ist überaus sinnvoll. Beide Produkte sind basenüberschüssig und kalorienarm. Ein hoher Anteil an hochwertigem Eiweiß und löslichen Ballaststoffen, wie er in dieser Zusammensetzung vorhanden ist, kann den Blutdruck senken.
Tofu und andere Sojaprodukte können auch bei weiblichem Hormonmangel helfen und sind als alternativer Ansatz bei der Therapie von Wechseljahrbeschwerden zu empfehlen.
Der Aufstrich hilft äußerlich bei Prellungen, Stauchungen, Blutergüssen, Entzündungs- oder Rheumaschmerzen. Das Auftragen hat eine kühlende, ziehende, schmerzlindernde, entzündungshemmende Wirkung.

Apfelchutney

3 EL Ghee oder Butter

1 TL schwarze Senfkörner
1 TL Fenchelsamen
1 TL Bockshornkleesamen
1 TL Zwiebelsamen
1 TL Kurkumapulver
1 TL Kreuzkümmelpulver
2 TL Mohnsamen
1 große Zwiebel
1 großes Stück Ingwer
5 mittelgroße, säuerliche Äpfel
1 Msp Meersalz
1–2 Tassen Quellwasser
2–3 EL Vollrohrzucker oder
Apfeldicksaft
2 EL Zitronensaft

2 TL Spirulinapulver
2–3 EL gehackte Pfefferminze,
nach Belieben

1

Äpfel vierteln, entkernen, klein schneiden. Ingwer schälen und klein würfeln. Zwiebel halbieren, Hälften in feine Scheiben schneiden.

2

Ghee erhitzen, Gewürze zugeben und bei mittlerer Hitze unter Rühren andünsten, Zwiebeln und Ingwer zugeben, 2 bis 3 Minuten dünsten, Äpfel zugeben, weitere 4 Minuten dünsten, salzen, 1 bis 2 Tassen Wasser zugeben, Chutney zugedeckt bei schwacher Hitze 30 Minuten köcheln lassen, bis die Äpfel weich sind und etwas zerfallen. Zucker und Zitronensaft zufügen, Chutney bei mittlerer Hitze unter ständigem Rühren köcheln lassen, bis es dickflüssig ist. Lauwarm abkühlen lassen, Spirulinapulver unterrühren.

Für den Vorrat

Chutney ohne Spirulinapulver heiß einfüllen. Spirulinapulver jeweils vor dem Servieren unterrühren.

Abbildung, oben

«Ein Apfel pro Tag macht den Arzt überflüssig», soll Churchill gesagt haben, der ansonsten eher ungesund gelebt hat, trotzdem aber sehr alt geworden ist.
Der Darm kann mit einer Apfelkur erfolgreich saniert werden, selbst bei entzündlichem oder degenerativen Zustand. Der Apfel entfernt Stoffwechselschlacken aus dem Verdauungstrakt und wirkt Fäulnis und Gärung wirkungsvoll entgegen.
Zusammen mit Ingwer, Zwiebel und Gewürzmischung, mit Pfefferminze, Zitrone und Spirulina, werden die Verdauungsorgane angeregt und die Enzymbildung stimuliert. Spirulina schützt und ernährt dabei die Schleimhäute und gibt der munteren Mischung ein Gerüst aus Eiweiß.

Senfsauce

4 EL Weißweinessig oder Zitronensaft
4 EL Olivenöl extra nativ
2 EL kaltgepresstes Leinsamenöl
3 TL Meerrettichsenf
1 Prise Galgantpulver
1 kleine zerdrückte Knoblauchzehe
½ TL Spirulinapulver
Meersalz
frisch gemahlener Pfeffer

Alle Zutaten sämig rühren, mit Salz und Pfeffer abschmecken.

Abbildung, unten

Die Vinaigrette ist die perfekte Hilfe für die Verdauung von schweren Fetten. Sie wirkt alten Cholesterin- und Kalkablagerungen entgegen und hilft, neue zu vermeiden.

Süßes und Snacks

Fruchtflan mit Erdbeercoulis

für 4 Portionenförmchen

4 Äpfel oder Birnen
1/2 Tasse Apfelsaft
1/2 TL Zimtpulver
1 EL Apfeldicksaft
3 TL Agar-Agar-Flocken
1–2 TL Weizengraspulver
1 Zweig Melisse, Blätter fein gehackt

Melisse für die Garnitur
250 g reife, süße Erdbeeren

1

Äpfel vierteln und entkernen, Viertel klein schneiden. Früchte mit Apfelsaft und Zimt aufkochen, bei schwacher Hitze weich kochen. Apfeldicksaft zu den Früchten geben, pürieren. Agar-Agar-Flocken unterrühren, aufkochen. Pfanne von der Wärmequelle nehmen, Weizengraspulver unter das Apfelpüree rühren, nochmals mixen. Die Melisse unterrühren. In die Förmchen füllen. Bei Zimmertemperatur fest werden lassen.

2

Erdbeeren entstielen, zerkleinern und zu einem Püree mixen.

3

Flan auf Teller stürzen, mit dem Erdbeercoulis übergießen, mit Melisseblättchen garnieren.

Variante

Äpfel oder Birnen durch 4 Tassen weiße Stachelbeeren oder Erdbeer-Rhabarber ersetzen.

Erdbeeren sind reich an Kalium und enthalten mehr Vitamin C als Zitrusfrüchte. Sie liefern auch reichlich Folsäure, B-Vitamine sowie Vitamin K und Betakarotin. Außerdem enthalten sie die wichtigen Spurenelemente Kalium, Eisen, Zink, Mangan, Phosphat und Kupfer. Erdbeeren werden eine erotisierende und stimmungsaufhellende Wirkung zugesprochen.
Agar-Agar enthält etwas Jod und kurbelt damit das Stoffwechselorgan Schilddrüse an. Die Melisse beruhigt den Magen und vertreibt düstere Gedanken; beide wirken gegen leichte Niedergeschlagenheit. Zimt erhellt und erwärmt fast jedes Gemüt.
Äpfel und Birnen entlasten die Leber, die bei Überforderung häufig für Übellaunigkeit mitverantwortlich ist. Der Apfel wirkt auch Nervenkrankheiten entgegen, und die Phenolsäuren in Apfel und Birne sollen auch vor Krebs schützen.

Quark-Frucht-Creme

5 reife Aprikosen
2 kleine Mangos
3 kleine, süße Äpfel
1 Orange oder Zitrone, Saft
1 TL Spirulinapulver
200 g Magerquark
1 EL kaltgepresstes Leinsamenöl
½ TL Hagebuttenpulver

2 EL geröstete Mandelsplitter

1

Aprikosen halbieren und entsteinen, klein schneiden. Äpfel vierteln und entkernen, Viertel klein schneiden. Mangos schälen, das Fruchtfleisch vom Stein lösen und klein schneiden. Alle Früchte pürieren.

2

Das Fruchtpüree halbieren. Eine Hälfte mit dem Orangensaft und dem Spirulinapulver aufmixen.

3

Quark, Leinsamenöl und Hagebuttenpulver verquirlen.

4

Quark auf die Gläser verteilen, zuerst die helle Fruchtmasse und zum Abschluss die mit Spirulina angereicherte Fruchtmasse mit einem Löffel einmal umrühren, damit die Massen ineinander laufen. Mit Mandelsplittern bestreuen.

Wer den Eindruck hat, dass seinem Körper Betakarotin (Vitamin A) und Enzyme fehlen, sollte öfters von dieser Speise naschen. Das viele Betakarotin in Mango, Papaya, Aprikosen, Hagebutte und Spirulina fängt Sauerstoffradikale effektiv ab und sorgt mit dem Vitamin in den Früchten und den Omega-3-Fettsäuren im Leinöl für optimale Fließverhältnisse des Blutes und schützt das Herz und die Gefäße. Der Enzymreichtum kann gegen Krebs vorbeugen und Hilfe leisten.
Magerquark enthält die schwefelhaltige Aminosäure Cystein, aus welcher der Körper Glutathion herstellt (ein sehr starker Radikalenfänger). In Verbindung mit Leinöl ergibt dies eine leicht verdauliche Fett-Eiweiß-Emulsion, welche die Aufnahme der Vitamine, Mineralstoffe und Spurenelemente des Cocktails enorm erleichtert. Eine echte Genuss- und Gesundheitsbombe.

Weizengras-Scones

250 g Buchweizen
250 g Dinkelkörner
2 EL Bockshornkleesamen
1 EL Koriandersamen
1 EL Kreuzkümmelsamen
2 EL Hagebuttenpulver oder
1 TL Ascorbinsäure
1 TL Natron
$\frac{1}{2}$ Tasse Sesamsamen
2 EL Weizengraspulver
4 EL Oliven- oder Sesamöl
1 Tasse eingeweichte Maulbeeren
2-3 EL Süßmittel (Agavendicksaft, Zuckerrüben- oder Ahornsirup)
$\frac{1}{2}$ Liter Milch oder Sojamilch

1

Backofen auf 220 °C vorheizen.

2

Buchweizen, Dinkel, Bockshornklee-, Koriander- und Kreuzkümmelsamen zusammen in einer Getreidemühle auf feinster Stufe mahlen. Anschließend mit Hagebuttenpulver (es kann auch Ascorbinsäure/ Vitamin C genommen werden), Natron, Sesamsamen und Weizengraspulver sehr gut trocken mischen. Öl dazugeben, die Masse krümelig reiben. Maulbeeren und Süßmittel dazugeben, mit der Milch/ Sojamilch und so viel Wasser wie nötig (ca. 2 dl/200 ml) zu einem weichen Teig kneten.

3

Den Teig auf bemehlter Arbeitsfläche 1 bis 2 cm dick ausrollen. Mit beliebiger Form, z. B. einem Limonadenglas, Rondellen ausstechen, auf ein eingefettetes Blech legen.

4

Das Blech in der Mitte in den Ofen schieben, Scones bei 220 °C etwa 5 Minuten backen. Auskühlen lassen.

Tipp

Für dieses Rezept braucht man eine Getreidemühle. Ansonsten Körner und Gewürze gemahlen kaufen.

Haferriegel

2 Tassen feine Haferflocken
1 Tasse Dinkelvollkornmehl
1 Msp Meersalz
1 Prise Kardamompulver
1 TL Zimtpulver
2 TL Spirulinapulver
4 TL flüssige Butter oder kaltgepresstes Sonnenblumenöl
3 EL Korinthen
4 EL Apfel- oder Birnendicksaft
2-3 EL Sesamsamen oder Kokosnussraspel
1 Tasse Quellwasser oder Reis- oder Hafermilch

1

Haferflocken, Mehl, Salz, Kardamom, Zimtpulver und Spirulina in einer Schüssel gut mischen. Butter unterrühren, Korinthen, Apfeldicksaft, Samen und Flüssigkeit unterrühren, zu einem Teig zusammenfügen.

2

Backofen auf 175 °C vorheizen.

3

Den Teig auf einem eingefetteten großen Blechrücken 1 cm dick ausstreichen.

4

Das Backblech in der Mitte in den Backofen schieben und das Haferflockengebäck bei 175 °C etwa 20 Minuten backen. Warm in Riegel schneiden.

Der Wanderer erhält mit diesem Riegel mit einem Minimum an Gewicht und Volumen ein Maximum an Energie. Eiweiß, Kohlenhydrate, Fett und Vitalstoffe sind ausgewogen, hochwertig und auf eine nachhaltige Wirkung ausgerichtet. Damit kann einem raschen Ermüden vorgebeugt werden.

Register

Inhaltsstoffe	Spirulina	Chlorella	Weizengras
Zusammensetzung [%]			
Eiweiß	63	58	2
Kohlenhydrate	18	23	54
Fette (Lipide)	5	9	4
Mineralasche	7	5	1
Feuchtigkeit	5	5	5
Vitamine per 10 Gramm [mg]			
Beta-Karotin	14	3,4	4,1
Vitamin C	0,5	1	31
Vitamin E	1	0,01	1,5
Thiamin, B_1	0,31	0,17	0,10
Riboflavin, B_2	0,3	0,43	0,2
Niacin	1,4	2,38	0,75
Vitamin B_6	80	140	128
Vitamin B_{12}	32	3	4,3
Folsäure	1	2,7	108
Biotin	0,5	19	11
Pantothensäure	0	130	240
Inositol	6,4	13,2	k. A.
Mineralien per 10 Gramm [mg]			
Kalzium	100	22	52
Eisen	15	13	5,7
Magnesium	40	32	20
Natrium	60	—	20
Kalium	120	90	320
Phosphor	90	90	52
Zink	0,3	7	0,5
Mangan	0,5	k. A.	1
Kupfer	120	10	14
Chrom	28	k. A.	k. A.
Selen	2	k. A.	10
Pigmente per 10 Gramm [mg]			
Phycocyanin	1500	—	—
Chlorophyll	11	280	149
Karotenoide	37	k. A.	k. A.
Fettsäuren und Lipide per 10 Gramm [mg]			
g-Linolensäure	135	—	—
Glycolipide	200	k. A.	k. A.
Sulfolipide	10	k. A.	k. A.

k. A. = keine Angabe/aktuelle Daten nicht verfügbar.

Die Werte unterliegen den bei natürlichen Lebensmitteln üblichen Schwankungen.